100 PAELLAS
Y UNA FIDEUÁ

Ignacio Méndez-Trelles Díaz

100 PAELLAS
Y UNA FIDEUÁ

Recetario de paellas comentado,
argumentado y por fin…
¡bien explicado!

e d i t o r i a l
SAPERE AUDE
Atrévete a saber

100 paellas y una fideuá
Ignacio Méndez-Trelles Díaz

© 2021 Ignacio Méndez-Trelles Díaz
© 2021 Editorial Sapere Aude (de la edición)

EntreAcacias, S.L.
[Sociedad editora]

c/Palacio Valdés, 3-5, 1º C
33002 Oviedo - Asturias (España)
Tel. (centr.): (34) 984 300 233
info@editorialsapereaude.com
pedidos@editorialsapereaude.com

1ª edición: marzo, 2021

ISBN (edición papel): 978-84-18168-38-3
ISBN (edición digital): 978-84-18168-39-0
Depósito Legal: AS 00264-2021

Impreso en España
Impreso por Podiprint

*En homenaje a la paella de
todas las madres.*

«En la bodega está la vida
que en el mar galopa».

JESÚS URCELOY

EL ARROZ ES...

Aunque tal vez esté de más decirlo, el arroz es un cereal de la familia de las gramíneas del que se tiene conocimiento existen infinidad de variedades, aunque realmente el consumo mayoritario —casi total— se reduzca al grano procedente de la *Oryza sativa*, el arroz asiático o arroz común (que es más fácil de recordar).

La planta del arroz es de cultivo anual y tiene una altura de entre 30 centímetros y hasta casi 2 metros. Sus hojas son largas y afiladas, con unas flores blancas que se forman en pequeñas espigas. El grano tiene forma ovalada, es harinoso y blanquecino. Está formado por una vaina exterior de un color amarillo dorado, una cascarilla interior, también conocida como cutícula cuyo color varía entre el blanco y el rojo caoba (especialmente el africano, *Oryza glabérrima*), el grano propiamente dicho o endosperma, compuesto principalmente por almidón, y el embrión.

Aunque se da también en terrenos altos de secano, la mayor parte del arroz procede de tierras bajas de regadío, necesitando en todo caso temperaturas altas y un elevadísimo grado de humedad, tanto que es preciso que en determinadas épocas del año lleguen a anegarse. Esto se consigue tradicionalmente situando los cultivos en las proximidades de algún río o albufera. En lugares donde la agricultura goza de un elevado nivel de sofisticación los campos de arroz se inundan por un intrincado sistema de canales.

En la actualidad el arroz se cultiva en prácticamente todo el mundo, aunque las principales zonas de producción se sitúan en Asia, desde Pakistán hasta el mismo Japón, el sur de EE. UU., Brasil, Filipinas, Egipto, Italia y España, que también destaca mundialmente como país productor.

El cultivo de este cereal milenario está ampliamente mecanizado en los países occidentales, mientras que en las regiones asiáticas continúa realizándose de la extenuante forma tradicional: a mano. Aquí son las mujeres las encargadas históricamente de realizar la recolección y en muchos sitios aún conservan el ritual milenario de mantener escondido el cuchillo con el que van a cortar los tallos del arroz para que el espíritu de éste no sepa que va a morir en ese momento, tan lejos llega la veneración por su ancestral sustento.

Aunque en un principio el arroz se cultivaba de forma generalizada para el consumo nacional, la creciente globalización ha creado un complejo mercado internacional en el que destaca como principal importador Europa, seguido de Oriente Medio y Brasil. Muchos países productores de arroces llegan a exportar sus mejores arroces, importando otros de inferior calidad para completar el consumo interno, como es el caso de China.

HISTORIA MÁGICA DEL ARROZ

Hay muchas formas de enfocar la historia de este alimento universal. Admitiendo que situemos el origen del arroz en la India hacia el año 3000 a.C., y que progresivamente fue expandiéndose por todo el mundo, para llegar al sur de Europa en tiempos medievales, se podrían aportar muchos datos cansinos, muchas batallas de la humanidad luchando por sobrevivir gracias al humilde grano de arroz. Por todo ello es mejor, por una vez, ver el lado mágico, mitológico, fantástico de su procedencia.

Una tradición budista refiere de esta forma la leyenda del origen del arroz: «Batara-Guru, llamado propiamente Siwa, el dios superior, formó una doncella tan hermosa que le puso por nombre Retna-Dumila (joya radiante), y deslumbrado por su hermosura quiso casarse con ella. Los dioses aprobaron en consejo tal unión, pero Retna-Dumila impuso a Batara-Guru tres condiciones para aceptarla, figurando entre ellas la de que le presentara un manjar que nunca le causara hastío. Ninguno halló el enamorado pretendiente que con el tiempo no produjera este efecto a su amada, y desconfiando de su poder divino envió a la tierra a su favorito Kala-Gumarang. Pero éste, en vez de buscar el manjar deseado, se dedicó a hacer la corte a Dewi-Sri, esposa del dios Wishnú, que molesta por sus impertinencias le convirtió en jabalí. Batara-Guru, cansado de esperar, quiso a la fuerza casarse con la bella Retna-Dumila, que murió en tal instante. Prabu-Makukuwan, príncipe de Mendang-Kamulan, encargado de guardar su fosa, observó que de ella brotaba, a los cuarenta días, un extraño resplandor y después una planta desconocida. Entonces Batara-Guru dijo al guardián: "En esta planta vive el espíritu de Retna-Dumila. Lo que ha nacido de su ombligo se llama *padi*, arroz. Reparte las semillas entre los hombres, porque en lo sucesivo les procurará su alimento". Cumplió el príncipe la orden, y los primeros que pidieron semillas fueron Djaka-Puring y Kjai-Tuwa, venerados después como fundadores del cultivo del arroz. Dewi-Sri, que seguía importunada por las pretensiones de Kala-Gumarang, a pesar de ser transformado en jabalí, consiguió de los dioses seguir la suerte de la doncella Retna-Dumila, y de su tumba brotó la misma planta. Batara-Guru mandó que desde entonces el arroz se cultivara dentro del agua. El príncipe Prabu-Makukuwan paseando un día por un campo sembrado de arroz vio una gran serpiente que se convertía en bellísima mujer; era Dewi-Sri que había encarnado en el cuerpo de la esposa del príncipe y en el de éste hizo lo propio el espíritu de Wishnú, esposo de Dewi-Sri. Ellos fueron los que enseñaron a los hombres el cultivo del arroz y los sacrificios que deben hacer a los dioses para conseguir una buena cosecha».

Nuestra tradición bíblica también aporta una historia mágica de este cereal, pero en absoluto tan hilada como la fantasía oriental aquí expuesta. Dice ésta que los tres hijos de Noé se repartieron para sus larguísimas descendencias los tres cereales más importantes: Sem, al ser el primogénito, tuvo la ocasión de elegir el primero y se quedó con el arroz en el territorio de Asia; Cam, al que le correspondió África, se quedó con el mijo, — aunque en realidad este pobre cereal tiene sus orígenes verdaderos en la India—; y a Jafet, finalmente, le fue concedido el trigo y las tierras de Europa. Es innegable el buen ojo que tuvo Sem, pues con el paso de los siglos el arroz ha llegado a ser el cereal más consumido por toda la humanidad.

La literatura gastronómica actual rebosa de leyendas como éstas. Son muchos los alimentos que las tienen, y el arroz no iba a ser menos.

ALGUNOS CONCEPTOS NUTRICIONALES

No cabe duda de que el arroz es una gran fuente de energía alimenticia. Por ello lleva siglos alimentando nada menos que a toda la humanidad. Su contenido principal lo forma los hidratos de carbono, casi el 80 por ciento, que es precisamente el elemento que recoge todos los sabores de los alimentos con que se cocina. El hecho de contener una cantidad tan elevada de carbohidratos ha hecho que los expertos en adelgazamientos drásticos lo eliminen de la dieta junto con otros alimentos similares, con el consiguiente riesgo que esto conlleva para la salud, pues está más que demostrado que estos elementos son radicalmente indispensables para el cuerpo. En todo caso, es conveniente saber que, en términos calóricos, 100 gramos de arroz en crudo del blanco —una ración normal para adultos—, representa unas 350 calorías una vez hervido y 450 si se ha cocinado con alguna grasa, como es el caso de las paellas. Pero, seamos sinceros con nosotros mismos, lo que engorda no es el arroz ni la cucharadita de azúcar en el café, lo que engorda lo sabemos todos muy bien: son las cantidades ingentes de comida con las que nos gratificamos, lleven calorías o no, acompañadas de un ejercicio físico prácticamente nulo.

En cuanto al campo vitamínico, también una preocupación hoy en alza, el arroz, si bien carece de vitaminas como la A y la C, sí tiene cierta proporción de vitaminas del grupo B, proporción ésta que por desgracia baja sustancialmente con el refinado. Sin embargo, lo que perdemos en vitaminas lo ganamos en sabor. Téngase en cuenta que los arroces integrales tienen mucha menos calidad culinaria, y con su uso la paella se puede convertir en una auténtica tragedia.

De todos los cereales, el arroz es el más rico en proteínas. Su relación entre sodio y potasio es similar a la de nuestra sangre, motivo por el que el organismo humano lo asimila tan fácilmente. Además, al cocinarse con alimentos como algunas verduras o legumbres combinará los efectos de los aminoácidos del conjunto del plato ejerciendo un efecto de sinergia nutritiva.

En este cereal universal también se encuentran proporciones de minerales como fósforo, magnesio, calcio, hierro y potasio, todo ello en una medida modesta, pero nada desdeñable. Y una ventaja de gran utilidad para el mundo occidental: apenas contiene grasa.

En su conjunto, hemos de considerar el arroz sencillamente como un alimento de gran aporte energético que goza de un privilegio único para nuestros fines: su fabulosa capacidad para absorber los aromas de los ingredientes con que se cocina. Y la paella es un plato de cocina por compresión, es decir, por absorción de sabores.

Por si le interesara a alguien —que en casos como el presente es bastante dudoso— he aquí un cuadro con la composición del arroz blanco:

ELEMENTO	COMPOSICIÓN POR 100 G DE ARROZ (%)
Principios inmediatos	
Agua	12,6
Albúminas	7,8
Grasas	1,4
Hidratos de carbono	77
Cenizas	0,6
Sales minerales	
Potasio	0,100
Sodio	0,002
Calcio	0,120
Magnesio	0,029
Hierro	0,0002
Fósforo	0,024
Azufre	0,002
Cloro	0,0003
Vitaminas	
Vitamina B_1	0,01 mg
Vitamina B_2	0,05 mg
Vitamina PP	0,02 mg
Vitamina B_6	0,30 mg
Vitamina E	0,10 mg
Ácido pantoténico	0,01 mg
Vitamina H	0,001 mg

ARROCES Y ARROCES

Existe tal cantidad de variedades de arroz que nadie se pone de acuerdo en el número exacto. Las aserciones van de las 5.000 a las 150.000 variedades, exactamente igual que ocurre con los informes sobre participación en manifestaciones populares.

Lo cierto es que de todas ellas, para el consumo humano, sólo resultan de utilidad apenas unas pocas. Por citar alguna, y sólo por eso, tenemos, atendiendo a su lugar de procedencia:

Japón: Ahitakomachi, Hitobemore, Shinmai, Koshihikari, Shinode, Sushi, Nishiki, Shigariku.

India: Basmati, Basmati 5 estrellas, Basmati supreme.

Tailandia: arroz jazmín, arroz con fragancias orgánicas, Kaew, Khao dowk mali.

Irán: Sadri, Dom siah.

EE.UU.: Tex Mati, Carolina, los de grano largo y de grano corto integrales (*brown long and short grain*).

Italia: Arborio, Vialone nano, San Andrea, Padano, Ribe, Roma, Baldo, Loto, Carnaroli.

Esto es sólo una muestra microscópica de la policromía de arroces que pueblan el mundo. La lista podría llegar a ser infinita. Pero en lo que a la paella se refiere sólo nos interesa determinada clase de arroces.

Vamos a tratar de simplificar las cosas al máximo haciendo una clasificación elemental:

Arroces integrales: son aquellos que no han pasado por el proceso de refinamiento, es decir, están sin descascarillar conservando todo su salvado. Si bien es cierto que contienen toda la riqueza vitamínica del arroz, no menos cierto es que en la paella garantizan un fracaso rotundo. Su tiempo de cocción, ya largo de por sí, en la paella, al cocer destapado, se hace eterno. Esto sin contar su excesivo sabor *integral*, grumosidad y aspecto reprochable.

Arroces salvajes: son una determinada clase de cereal originaria de EE.UU. Parece ser que los indios americanos se alimentaron de ellos durante siglos. Son de grano muy fino y color oscuro. Aunque excelentes para la preparación de ciertos platos, y sobre todo en guarniciones, en la paella no pintan nada, más bien la despintarían.

Arroces vaporizados: se trata de arroces que han recibido una breve cocción previa en bruto a 90 °C y después un tratamiento con vapor, secándose por último mediante la acción del aire y el sol. Estos arroces se lanzaron al mercado paellístico con la prebenda de que no se pasan. El problema es que pasar no se pasan, pero el sabor tampoco *pasa* a ellos porque el grano está literalmente cerrado a toda recepción de sabores. El resultado son paellas característicamente desabridas con un arroz indiferente a toda aportación de los ingredientes de la paella.

Arroces blancos comunes: son los arroces tradicionales que tras una operación de refinamiento han perdido el salvado. Gracias a ello, tienen la facultad de absorber con facilidad todos los sabores con los que entran en contacto.

Por su tamaño, los arroces se dividen en arroces de **grano corto**, los que no alcanzan los 5 milímetros, siendo los de menor valor en cocina; los de **grano medio**, entre 5 y 6 milímetros y los de **grano largo**, ya mayores que estos últimos. La paella se hace con el arroz blanco común de grano medio ¡y nunca con otro!

Ahora bien, una vez dentro de este orden de arroces, hay que diferenciar entre varias marcas o denominaciones de arroces patrios. Los arroces supremos en tradición y calidad —con denominación de origen incluso— para hacer una paella son el *arroz bomba* valenciano y el *arroz de Calasparra* de la región de Murcia, fácilmente distinguibles en el supermercado por venir envasados en sacos de tela. Estos dos arroces necesitan un tiempo de cocción superior al de cualquier otro tipo de arroz blanco común, así como bastante más líquido. Es necesario mencionar aquí también que, aunque no tan conocidos, son igualmente de excelente calidad los arroces procedentes de las riberas del Ebro en Aragón.

No obstante, para la elaboración de este recetario se ha trabajado con arroces de calidad media o, dicho de otra forma, los arroces que habitualmente nos encontramos en las tiendas. La razón es su fácil localización en cualquier parte, su precio —4 y 5 veces inferior al *bomba* o de Calasparra— y su más que suficiente idoneidad para cocinar una paella. Y para ser aún más precisos, diremos sin más rodeos que todas las recetas de este libro se hicieron con un tradicional.

Nuestra conclusión final con respecto al tipo de arroz a emplear en la paella es que resulta válido cualquiera de los de precio medio perteneciente a las marcas respetables, conocidas y de distribución generalizada. Esta línea de arroz, pero siempre ¡de grano medio! Quien utilice los arroces de gran calidad —*bomba* y Calasparra—, debe saber, con respecto a las recetas de este libro, que tendrá que aumentar el tiempo de cocción y el líquido a aportar.

PASADO, PRESENTE Y FUTURO DE LA PAELLA

Es incuestionable el hecho de que la paella procede concreta y puntualmente de Valencia. Pero, en realidad, antes de las paellas, el uso extendido del arroz en la cocina valenciana viene ya de muy antiguo. Los musulmanes, durante su larguísima estancia con nosotros, introdujeron el cultivo del arroz empezando por las costas mediterráneas para hacerlo llegar a continuación al resto de la península invadida.

Cuando Jaime I conquistó las tierras valencianas en el siglo XIII se encontró con inmensos arrozales que entraban hasta la misma ciudad de Valencia. Creyéndose por aquellas épocas medievales que este tipo de plantaciones eran fuente de terribles plagas se limitó el cultivo del arroz exclusivamente a la zona de la albufera valenciana. Tuvieron que pasar siglos para exorcizar esta oscurantista creencia, hasta el mismo siglo XX.

Concretamente, las referencias al arroz consumido *en paella* más antiguas pueden situarse en el siglo XVIII, pero son más bien escasas y, en su mayor parte, románticas ilusiones histórico-culinarias. Las primeras informaciones documentadas de una manera fiable aparecen en el siglo XIX dentro del género literario del sainete, a la sazón bastante extendido por las tierras valencianas. Como ocurrió con muchas recetas tradicionales, la paella nació como un plato que hacían los agricultores en su comida al aire libre de mediodía, en el campo en donde estaban trabajando, utilizando un recipiente que los valencianos llamaban *paella* y que, a su vez, provenía de la palabra latina *patella*, que no es otra cosa que «sartén».

Para este guiso, con el que los campesinos debían mantener el tipo durante sus duras jornadas de trabajo, utilizaban todo lo que estaba a mano, empezando claro está por el propio arroz que cultivaban, acompañándolo en ese recipiente, la *paella*, sobre un fuego improvisado en cualquier lado, de algo de carne de pollo, cría muy habitual de la época, alguna eventual pieza de caza, como el conejo, y de cualquier verdura de temporada, como el particular *garrofó* de la zona o las judías conocidas en la zona como *ferraúra*, unas pequeñas alubias llamadas *tavella*, o cualquier otra como podían ser mismamente alcachofas. También parece que como aportación proteínica echaban a la *sartén* aditamentos de cualquier especie que les saliera al paso, como podían ser caracoles, anguilas, ranas y hasta ratas de la albufera, estas últimas muy diferentes de las comunes de alcantarilla, aunque ratas, al fin y al cabo.

El hecho de que históricamente la paella la hacían los hombres cuando salían a trabajar al campo ha dejado una estela de machismo que ha llegado hasta nuestros días, hasta el punto de ser un plato cocinado hoy impositivamente por los hombres. Y, curiosamente, parece que hasta las feministas de guardia —que no se les escapa una— lo permiten.

Desde aquellas primeras paellas dieciochescas de subsistencia hasta nuestros días ha llovido lo suyo, y de la mayor rusticidad campestre se ha pasado a un grado de refinamiento impensable para aquellas épocas, cosa ésta que tampoco impide que a veces, como hubiera dicho Groucho Marx, se «hayan alcanzado —también— las más elevadas cotas de la miseria», culinariamente hablando.

Así pues, conocidos los humildes orígenes de la paella, cabría preguntarse cómo ha podido alcanzar la laureada fama universal de la que goza al día de hoy. Efectivamente, si hay un plato que nos identifica de una forma noble y carismática en todo el mundo, ése es la paella. No existe rincón del planeta que desconozca nuestro celebérrimo atributo gastronómico. Y es también de agradecerle a este plato el que haya conseguido permanecer al margen —casi incompresiblemente— de la imagen de país de *charanga y pandereta* que de forma lamentable se proyectó al extranjero durante décadas de promoción esperpéntica del turismo. No creemos que haya nadie en el mundo que identifique la espectacular visión de una hermosa paella con la España rural, acomplejada y verbenera de los años cincuenta.

El futuro de la paella promete alcanzar *las más elevadas cotas de la gloria culinaria*. Es probable que una tecnificación razonable y respetuosa con sus raíces la conviertan en años venideros en una forma «globalizada» de celebración auténticamente planetaria. Por lo pronto, en Internet se encuentran cientos de miles de páginas dedicadas a ella, en todos los idiomas imaginables y procedentes de otros países bastante lejanos al nuestro.

También es cierto que si bien la paella se ha mejorado, variado y enriquecido de una forma espectacular en los últimos años, se han cometido verdaderos estragos con lo más íntimo de su elaboración, llegando a aberraciones gustativas globalmente aceptadas, como son las «paellas mixtas» o las que aportan todo tipo de especias exóticas. Debemos respetar sus orígenes y las claves de elaboración básicas que la han llevado precisamente a esa posición de liderazgo gastronómico indiscutible, si no queremos que con las décadas se confunda con las jambalayas, los coloreados arroces chinos o los intragables arroces especiados propios de las zonas tropicales.

«PAELLA» O «PAELLERA»: TERMINOLOGÍA DEFINITIVA

Parece mentira, pero todavía hoy una gran parte de los libros dedicados a la paella, por no decir la mayoría, afirman con total naturalidad y desconocimiento que llamar *paellera* al recipiente en donde se cocina una paella es un error propio de ignorantes aprendices. Afirman, los incautos que esto dicen, que el popular recipiente es en realidad la *paella*, siendo la *paellera*, en todo caso, la mujer que cocina la paella.

Suspiremos hondo y tengamos resignación cristiana. La Real Academia Española, en su *Diccionario de la lengua española*, que se supone debemos acatar como la última palabra en materia idiomática nacional, define con toda su erudita claridad 'paellera' como «Recipiente de hierro a modo de sartén, de poco fondo y con dos asas, que sirve para hacer la paella». Y más aún, en su primera acepción de 'paella', confirma que ésta es un «Plato de arroz seco, con carne, pescado, mariscos, legumbres, etc., característico de la región valenciana, en España»; sólo en la segunda acepción la admite como «Sartén en que se hace». Se puede escribir con letras más grandes, pero no más claro.

¿De dónde viene entonces tan extendida confusión terminológica? Muy sencillo, *paella* —de *patella*, en latín— es sartén en catalán, valenciano y balear, como bien lo confirman los no menos eruditos *Diccionari català-castellá* de Francesc de B. Moll, *Diccionari Tabarca valencía-castellá* de Vicent Pascual y *Diccionario balear-español* de Antonio Roig Artigues. Fuera de estas áreas lingüísticas no tiene sentido alguno llamar paella al recipiente, es más, sólo conduce a confusión, por mucho que pueda hacerse, como llega a admitir el *Libro de estilo* de El País, por ejemplo, al decir que «para el recipiente en que se elabora la paella pueden emplearse, indistintamente, las palabras 'paella' o 'paellera'». Para nosotros es mucho más claro y diacrítico emplear *paella* para hablar del plato o receta y *paellera* para referirnos contundentemente al recipiente característico en donde se cocina, siempre y cuando estemos hablando en castellano, naturalmente. Es, sin duda, la mejor forma de distinguir entre el *continente* y el *contenido*.

Conclusión: para no tener que recurrir a la famosa anécdota de *Saquespeare*, en la que un famoso orador, viendo que al pronunciar así el nombre del clásico escritor todo el mundo se echaba a reír, dio por sentado que todos hablaban inglés y continuó el resto de la conferencia en dicho idioma, para asombro y desconcierto de los allí presentes, hablemos de *paella* y *paellera* en claro castellano, sabiendo lo que decimos. Por nuestra parte, *si haguéssim volgut escriure aquest llibre en català, no hauríem tingut cap inconvenient a traduir-lo sencer a una llengua tan bella, però això no ha estat així* (si hubiéramos querido escribir este libro en catalán, no habríamos tenido ningún inconveniente en traducirlo a una lengua tan bella, pero no ha sido así).

DE LOS ERRORES DE LA LITERATURA GASTRONÓMICA

Puestos a hablar de confusiones, malentendidos y otros males relativos a la claridad, no podemos evitar sacar a colación aquí el hecho pasmoso de la cantidad de patéticos errores que aparecen en muchos libros de gastronomía, algunos escritos por insignes personajes de la restauración mundial.

Aunque pueda parecer esto un asunto intrascendente, no lo es, pues contribuye a la formación de ideas disparatadas que luego se defienden vehementemente en acaloradas conversaciones culinarias, al tiempo que contribuyen a destruir la poca o mucha cultura gastronómica que se pueda tener.

En concreto, hablando de la paella, la palma de los errores se la llevan los libros escritos por el sempiterno gastrónomo —¿qué será en definitiva un gastrónomo?—, escritor, extranjero, normalmente del orbe anglosajón, que estuvo una semana en Mallorca en uno de esos viajes de 30 euros —en pensión completa— y que a la vuelta, al calor del ordenador patrio, escribe una receta compuesta por todo lo que vio en varias paellas, más lo que se imaginó que había en ellas, como ésta que lleva los siguientes ingredientes y que alguien llamó sin recato alguno «paella española» (como si las hubiera chinas): pollo, chorizo, jamón ahumado, salchichas, solomillo de cerdo, rape, chipirones, salmonetes, mejillones, perejil, granos de pimienta negra y ¡laurel, tomillo y cúrcuma! Uno se pregunta en dónde la comería y si el arroz se lo pusieron aparte, pues no parece haber quedado demasiado sitio en la paellera para él.

Resulta también impactante, no se puede negar, ver en un libro dedicado al arroz una ilustración con una hermosa paella de marisco ¡en un frutero de loza! Fácil, en lugar de poner manzanas, peras y naranjas, ponemos unos mejillones, unas gambas y un poco de arroz y está: la famosa paella española.

El tema de los errores y la falta de rigor recetario en la literatura gastronómica daría para mucho no sólo en la paella. No nos resistimos a mencionar aquí la famosa receta de la *Spanish Omelette* (tortilla española) de un libro que se titula, sin complejos: *Classic Spanish, Authentic regional recipes from all over Spain* (Española clásica, auténticas recetas regionales de toda España) —no olvidemos lo de *auténticas*—, aunque no diremos el nombre de su autora para evitarle mayor vergüenza. Consiste la célebre tortilla española, para la autora, y lamentablemente para muchos lectores quizás ahora también, en un plato que se hace con —¡atención!—: aceite de oliva, aceite de sésamo, cebolla española —debe referirse a la cebolla roja—, pimiento rojo, cañas de apio, alubias blancas, huevos, semilla de sésamo, sal, pimienta negra molida y ensalada verde. Pero lo más interesante del plato está por venir. Opcionalmente se pueden añadir patatas cortadas en rodajas —¡opcionalmente!—, verduras de temporada, corazones de alcachofas y guisantes. Quien la haya comido tendrá bastante que contar a sus nietos sobre la inolvidable decepción que sufriría al encontrarse algún tiempo después con la verdadera y humilde tortilla española.

LA HEREJÍA DE LA PAELLA MIXTA

Siguiendo en esta línea de las equivocaciones, grandes o pequeñas, hemos de llegar forzosamente a hablar de las controvertidas «paellas mixtas», es decir, las que llevan tanto carne como pescado. Estas chocantes recetas, en las que el mero podría llegar a convivir por un momento con el cordero, son fruto de la imaginación de los restauradores españoles durante el boom turístico de mediados del pasado siglo XX. Las hordas de turistas europeos que asolaban las cálidas costas hispanas encontraban sumamente gracioso comer un plato —de la vistosidad, además, de la paella— en el que había de todo, carne, pescado, mariscos, verduras... de todo. Lo veían tan gracioso, que de vuelta a sus casas lo contaban a sus parientes y amigos como algo exótico que habían comido en la no menos exótica España de la época; casi como si hubieran comido hormigas fritas en África. Aquello era fantástico —decían—, dos cosas tan diferentes como la carne y el preciado marisco en el mismo plato, así sin más. Desde luego *Spain was different!*

El impacto de las paellas mixtas fue tan grande que no sólo impresionó a los turistas extranjeros, sino que los mismos nativos celtíberos empezaron a convencerse de que se trataba de un plato original y de gran clase, muy apropiado para la *paella del domingo*, porque recordemos que, no hace tanto, los domingos se comía en todas las casas arroz, o paella, con el preciadísimo pollo (después, con la llegada de la avicultura, se convertiría en el vulgarísimo pollo). El ama de casa lo tenía fácil, al pollo le echaba un puñado de gambas, unos mejillones, *et voilà*, la típica paella valenciana.

Una vez asimilado el fenómeno del turismo de masas, controlados sus flujos, atendidas sus necesidades y superados muchos complejos relacionados con nuestro propio desarrollo económico, cultural y social, las cosas han de volver necesariamente a su cauce. ¿Qué demonios hace una zanca de pollo luchando en la paellera con una gamba? ¿A qué sabe la gamba, a pollo? Y el pollo, ¿a qué sabe, a gamba?

La decisión primordial, básica, elemental, que se ha de tomar a la hora de hacer una paella es a qué queremos que sepa. Vamos a ver, ¿alguien se imagina a qué puede saber un solomillo de ternera frito con aceite que se ha empleado para freír sardinas? ¿A alguien le gustaría comerse una langosta hervida con caldo de ave?

La paella mixta es precisamente eso: algo inimaginable, inconcebible. ¿Que todos hemos comido alguna paella mixta que estaba muy buena? Cierto. También hemos comido tortillas impresentables en una merienda campestre, desechas, frías, con tierra y hierbajos de haber caído al suelo, con partes quemadas, con los huevos medio crudos... ¡y estaba deliciosa, oiga! En vacaciones —sobre todo cuando empiezan—, al lado del mar, con el hambre que da éste, con los amigos, con el sol, el vino... todo sabe mucho mejor, todo sabe a gloria.

La paella mixta, en definitiva, es una herejía, por mucho que se quiera ser condescendiente con ella. Culinariamente no se sostiene, choca frontalmente con la lógica gustativa, desarma los más elementales principios de cocina y representa un agravio para cada uno de los ingredientes que participan en tan grotesco ruedo, pues elimina la personalidad de sus sabores.

Recordemos, así como muy acertadamente le dijo la cebolla al ajo: «acompáñame siempre, majo», el pollo le dijo a la gamba: «¡que te vayas, caramba!».

Para finalizar, resulta inconcebible, una vez más, que los libros de gastronomía dedicados al arroz ¡y a la paella! muestren con ufanía varias de estas recetas mixtas, algunas, incluso, pretendiendo ser excepcionales.

¿LA PAELLA EN EL RESTAURANTE O LA PAELLA EN CASA?

Buena cuestión ésta. Pero respondamos directamente: la paella, definitivamente, en casa. Las razones son muy simples. La primera es, aunque parezca mentira, que encontrar una buena paella en un restaurante —¡en España!— es harto difícil. Segundo, caso de encontrarla, el precio sería altísimo y completamente desproporcionado en relación con los productos que vamos a comer. Y tercero, la paella exige una sobremesa incansable, al estilo mejicano, que ha de finalizar al llegar la hora de la cena, cosa ésta difícil de llevar a cabo en un restaurante.

Incluso los mismos valencianos comentan a menudo lo difícil que es comer una buena paella... ¡en la ciudad de Valencia!, de manera que piénsese en el resto del país. Se pueden contar con los dedos de las manos los lugares en los que la paella es realmente buena, es decir, paellas para gente que entiende de ellas. Lo que sí abundan son las floreadas paellas turísticas que cualquier estudioso del tema que se precie debe rechazar taxativamente.

La paella, por otra parte, es una celebración que se ha de realizar —siempre que sea posible— con los mejores familiares y amigos, en el entorno distendido de la casa de uno de ellos, con plena serenidad, disfrutando de cada minuto, de cada palabra conversada, colaborando activamente en la elaboración tanto del plato como de las bebidas que deberán acompañarlo. El restaurante impone una incómoda rigidez de movimientos, impide el vocerío alegre y libertino, las risas estruendosas, cohíbe la exaltación de la amistad propia de las sobremesas... y al final sale uno con el presupuesto mensual de comidas reducido a la mitad.

Si hubiera que recomendar algún «criterio selectivo», y aún a pesar de que nos exponemos a un gran riesgo unido a la quema de este libro, diríamos que la mejor paella, la más agradecida, es la que nos encontraremos en los chiringuitos a pie de playa de las costas mediterráneas, nunca de las cantábricas, y, arriesgándonos aún más, con preferencia en las costas de Alicante.

LA FIESTA DE LA PAELLA

La paella no es una comida cualquiera, igual que la sidra natural asturiana tampoco es una bebida cualquiera. Tanto una como otra se trata de rituales gastronómicos que precisan de una liturgia muy particular.

Para entender cómo debe realizarse la «fiesta de la paella» basta con explicar lo que NUNCA debe hacerse.

Ha sido, y aún lo es, costumbre generalizada en España, cuando se está de vacaciones, levantarse alegremente toda la familia y demás invitados y, tras un rápido desayuno, lanzarse todos en grupo como japoneses a la playa, el río o la piscina. Todos... menos uno, mejor dicho, una. La sufrida ama de casa, la mamá que no sabe lo que son las vacaciones hasta que enviuda ya en edad avanzada —y para entonces ya no le hacen tanta gracia— se queda haciendo lo que hizo todo el año, pero además, con la responsabilidad de cocinar para todos «su famosa paella», de la cual, todo hay que decirlo, está sumamente orgullosa.

La mañana pasa volando entre chapuzón, resbalón en la piscina y cervecita tras cervecita firmemente acodados en la barra del chiringuito. La hora de comer se acerca. Las horas para nuestra sufrida protagonista han pasado bastante más lentas.

Casi a las tres de la tarde, con un calor que ya lo quisieran para sí muchas saunas, se oye como una bataola cada vez más estruendosa. Es la familia, invitados y amigos que vuelven como los leones del circo a sus jaulas a la hora del rancho. Sin mediar palabra con la sudorosa cocinera —probablemente no tuvo tiempo ni de ducharse—, que no entre ellos, arriman al unísono los platos al dorado recipiente de la paella al tiempo que abren las bocas como para comerse un melón de un bocado.

La conversación no cesa —entre ellos—, aumentando la temperatura ambiental con acaloradas discusiones sobre el partido de ayer o el de mañana. Todos comen con hambre etíope —el mar o la montaña, ya se sabe, dan mucha hambre—. Entre tanto, la verdadera protagonista de la fiesta permanece sentada en el peor sitio de la mesa, normalmente en una esquina con el plato en la mano. Sus únicas palabras durante toda la comida serán «¿no está un poco sosa?», con la inofensiva intención de reclamar un poco de su más que merecida atención. Uno o dos, los más educados, le dicen «¡que va, si está muy buena!» y prosiguen con sus trascendentales conversaciones deportivas.

Al terminar de comer todos —menos la cocinera, que como se sirvió la última y nadie esperó por ella aún le queda parte de su paella fría—, se reclaman, con impaciencia propia de cantina de estación de tren, los cafeses, los chupitos y los puros, o cigarrillos, que más da.

La pobre mujer —casi vamos a llorar—, se levanta, cansada, recoge los platos con la ayuda, con suerte, de un miembro femenino de la familia, y sirve todo el material bélico de la sobremesa. No pasó media hora, que la mujer aprovechó para fregar los platos, y empiezan a abrirse nuevamente las bocas, esta vez como consecuencia de los hipnóticos efectos de la paella, reclamando... ¡siesta!

La sobremesa queda sumida en suave rumor que mantienen los más amigos del deporte y los trofeos (las copas). El resto se dedica a rugir con saña en cualquier parte sumidos en un sueño siestero y angelical.

La tarde languidece poco a poco y todo el mundo vuelve a desparecer por los bares, piscinas y playas de la zona. En la casa vuelve a reinar el silencio, solo alterado por el ruido acompasado de los delicados roces de la escoba sobre el suelo.

A buen entendedor...

Pues bien, la liturgia, en realidad, es ésta: el que quiera paella que pase previamente por la cocina —nada de aparecer a la hora justa de comer —, que se interese por lo que va a llevar, si va a ser de carne o de pescado, que se ofrezca a ayudar en algo, que ofrezca un vino blanco a la cocinera o el cocinero y que lo rellene conforme lo va bebiendo, que se muestre ansioso por comer su paella, que halague todo lo que hace, hasta como pica los ajos, que diga gracias por lo menos cinco veces antes de empezar a comer, y más de diez al terminar, que pida un aplauso para el que hizo tan genial plato, que recoja la mesa, que ceda el mejor sitio para el verdadero o la verdadera protagonista, que hable sin cesar de la magnífica paella que tiene ante sí, que no deje solo nunca a quien tanto hizo por él, que recuerde que es una fiesta para TODOS.

Afortunadamente —por desdramatizar un poco— cada vez se reconocen más los méritos del que cocina, especialmente cuando se trata de paellas, y el tipo de madre sufrida que protagonizó este triste cuento está pasando a formar parte ya de la pintoresca historia de las cocinas familiares españolas. Más aún, hoy en día las paellas suelen hacerlas los hombres, reunidos todos en el lugar en donde se cocinará, mientras que las mujeres toman un aperitivo tranquilamente al sol. No es sino respetar la tradición, pues la paella ha sido y es «cosa de hombres»

Finalmente, hablando de cómo deben celebrarse estas fiestas arroceras, no faltará quien crea que la paella ha de comerse directamente de la paellera, sin platos y con una cuchara de madera (de boj, para más complicación). Si un día nos viéramos en el brete de tener que hacerlo así, debe saberse que cada comensal cogerá arroz abriendo brecha desde el borde que tiene delante hasta el centro de la paellera, sin entrar en otras zonas que no son las suyas, y mucho menos luchando desordenadamente a cucharazos con el resto de comensales por alguna parte de arroz en la que se esté especialmente interesado. Los tropiezos que nos encontremos por el camino y que no queramos se cogerán delicadamente con la mano y se colocarán en el centro de la paellera para quien los quiera, o para comerlos distraídamente al final.

Todo esto puede resultar divertido en una ocasión como experiencia pintoresca, tradicionalista, sensorial... Pero a la segunda, pediremos platos a gritos. No hay nada más incómodo que comer una paella así, especialmente si es una para bastantes comensales, con todo el mundo haciendo abdominales para acercarse a la paellera, llevar la cucharada a la boca —lo que llegue y no se pierda por el camino— y volver a levantarse a por un poco más de arroz (si queda). Aprovechemos aquí para decir que el truco que se emplea en Valencia para que el arroz no nos caiga en el trayecto a la boca es apretarlo en la cuchara contra el borde de la paellera, compactándolo. Los árabes hacen lo mismo al comer a mano. Amasan primero la comida que se van a llevar a la boca y así evitan que se escurra por entre los dedos.

Tradición no significa forzosamente comodidad, y menos en este caso.

LA PAELLA DE MI MADRE

Aunque no hemos tenido reparo en dedicar este libro, muy merecidamente, a «la paella de todas las madres», no deja de ser curioso el estigma que padecen algunas personas con la paella que les hacía la suya cuando eran niños. Tanto les gustó, aún teniendo en cuenta que hace años —para unos más que para otros— las posibilidades y los conocimientos que había de la paella y de la cocina en general eran incomparablemente inferiores a los actuales, que incluso hoy, cuando se ven frente a una buena paella, una de las de verdad, todavía vuelven con aquello de «la mejor paella, la de mi madre». Y el caso a veces es grave, pues muchas de estas reivindicadas paellas maternales ni siquiera eran tales. En realidad no pasaban de ser un guiso de arroz hecho en cualquier pota, con pollo, unas gambas y, a veces, hasta chorizo (¿qué pensaría la gamba al encontrarse una rodaja de chorizo navegando por los mismo mares?).

Viene al caso ahora algo que escribió a este respecto un fantástico personaje, autor de un libro no menos fantástico, *El ocaso de las paellas*. Se trata de Arturo Pardos, arquitecto, pintor, dibujante, escritor, conferenciante, restaurador e inventor de la *gastrónica* (hay que leer el libro para entender la complejidad de esta palabra), y es el siguiente barroquísimo párrafo: «El cocido preparado por **mi** mamá y comido por **mí** en **mi** casa y en **mi** pueblo es, sin duda, un cocido real y, a lo mejor, hasta muy bueno, pero terriblemente **solipsista**, pues no es sino una forma radical de subjetivismo gastronómico, según la cual sólo existe o sólo puede ser conocido el propio yo y, concomitantemente, el propio cocido de la propia madre».

Aunque se tarde una semana en entender, define con exactitud el problema que tiene algunos con la paella de su madre.

Si hemos hecho un hueco en este cuerpo introductorio de un libro de recetas para hablar de esto es porque con toda seguridad nos encontraremos tarde o temprano con alguno de estos *solipsistas* que querrán amargarnos la fiesta con su actitud renuente hacia toda paella que no sea la de su encantadora madre. Leámosle el párrafo del gran Arturo Pardos y que se quede pensándolo toda la tarde. Mientras tanto nosotros obviaremos sus comentarios, admitiendo que, por supuesto, su paella es mejor que la nuestra (¡que te lo has creído!).

FUEGOS PARA LA PAELLA: DE LA MAR EL MERO, DE LA TIERRA EL PAELLERO

El fuego para cocinar una paella es casi tan importante como los ingredientes que vamos a usar. Si el fuego no es el adecuado no sacará la paella adelante ni el más encopetado y blanquilustrado de los cocineros valencianos.

La ortodoxia más radical a este respecto, *exige* que la paella se haga sobre un fuego de leña, o más concretamente de brasas. Y aún más, los fundamentalistas no permiten otra leña que no sea la del naranjo.

En fin, como se comprenderá, todos los regímenes fundamentalistas acaban yendo al garete y, por lo general, de mala manera. Pero analizando un poco lo que defienden estos histéricos del arroz, diremos que sí es *ligeramente* admisible que el mejor método para cocinar una paella es sobre unas brasas, bien en el campo, o en cualquier local que pueda disponer de un fuego tipo parrilla. Pero de ahí a adoptar posturas excluyentes, a decir que la leña aromatiza el arroz, que el sabor es infinitamente superior... hay un trecho ¡largo! Es mejor tan solo por el mero hecho de recrear el plato a la manera tradicional.

Suponiendo el caso de que conseguimos dominar el fuego correctamente, fuerte al principio, descendiendo progresivamente conforme avanza la cocción, que no es fácil precisamente, la leña no aportará al arroz más sabor que la sensación de que estamos en el campo, pura sensación campestre (igual que la tortilla en el campo, que sabe mejor, pero que es la misma que podemos comer en casa viendo la televisión). Si alguien lo duda, hágase la prueba cocinando dos paellas, una con leña y otra con gas, por ejemplo, con los mismos ingredientes y con las mismas manos y procédase a una cata ciega. Las únicas posibilidades que tiene de acertar el fundamentalista son el cincuenta por ciento que le da el cálculo de probabilidades, ni un ápice más.

Es cierto, por otra parte, que resulta imposible hacer una paella decentemente —hablamos de una de más de 2 o 3 comensales— en una cocina vitrocerámica o de inducción, pues por un lado no se puede controlar correctamente el calor debido a los tiempos de enfriamiento de la placa y por otro las superficies de calentamiento son tan pequeñas que sólo calentarían la parte central de la paellera, cosa ésta desastrosa de todo punto de vista.

En una cocina convencional de gas, sí podríamos hacer una paella, pero siempre de muy pequeño tamaño, por el mismo problema anterior relativo a la superficie de calentamiento. Valdría, en todo caso, para una paella de 3 o menos comensales. Las cocinas de carbón no son aconsejables tampoco, pues la chapa plana no permite un asentamiento estable de la paellera que tienen forma un poco cónica: sólo se apoyaría el vértice central, girando en todo momento como una peonza y tendería a quemar la zona en que se apoya. Además, el calor de estas cocinas está repartido de una forma muy desigual, lo cual nos obligaría a estar mareando continuamente la paellera con interminables vueltas para lograr una cocción uniforme del arroz, sin contar con que no se puede regular bien la fuente de calor.

Dicho esto, ¿qué nos queda? El *paellero*, el invento más atinado de la tecnología electrodoméstica del siglo XX. Consiste éste, como se sabe, en dos aros, a veces tres, llenos de pequeños agujeritos por los que se proyecta el fuego procedente de una bombona de gas, formando así una base de calor uniforme, regulable, estable, limpia y perfecta, en definitiva. Además con la ventaja de que se puede utilizar en cualquier sitio y con paelleras de cualquier tamaño razonable, hasta unos veinte comensales. Existen también en el mercado unas patas a modo de trípode que sirven para apoyarlo, aunque lo mejor es colocarlo, siempre que se pueda, sobre una superficie firme para poder realizar enérgicas sacudidas de la paellera cuando sea preciso, y lo es a veces.

Concluimos, pues, conque resulta absolutamente indispensable la adquisición de uno de estos artefactos, que además son muy baratos, para llevar a buen término la cocina de nuestras paellas. No nos arrepentiremos jamás.

CLASES Y TAMAÑOS DE LAS PAELLERAS

La paella debe hacerse inexcusablemente en *paellera* (ya quedó claramente explicada la corrección del término). Cualquier otro artilugio de cocina, sea olla, ollaza u olluela; cazuela, cazolón, cazoleta o cazoleja; perol, marmita o puchero; tartera, sartén o sarteneja, están radicalmente proscritos. Sólo se pueden usar *paelleras reglamentarias*.

Ahora bien, dentro de las paelleras, existen varios modelos ¡y no todos sirven como es debido! Repasémoslas:

Por un lado nos encontramos, con las paelleras especiales para cocinas vitrocerámicas, eléctricas y de inducción ¡con fondo difusor! Bueno, aparte de lo difícil que resultaría cocinar una paella en una de estas cocinas debido a los tiempos de enfriamiento de la misma placa de calor, ¿qué no nos ocurrirá si encima tenemos un fondo difusor que aguantará el calor del recipiente no se sabe cuánto tiempo ni de qué manera?

Descartemos pues el uso de toda paellera con fondo difusor — que para más destrozo alcanzan unos precios completamente fuera de lugar —, pues nos impedirá el control de las temperaturas de cocción (fuerte al principio, decreciendo según lo precisemos conforme llegamos al final). Las buenas baterías de cocina, suelen traerlas, teniendo que escuchar al vendedor de turno lo bien que salen las paellas en ellas ¡Ni caso!

Todavía existe un engendro aún peor. Son pequeños electrodomésticos, en forma de tartera, con un cable de corriente que sólo hay que enchufarlos a la corriente, ponerles la tapa — ¡Dios nos asista!— y ya está: paellas milagrosas. Lo milagroso, en realidad, es comerse una paella hecha así y después poder sonreír diciendo que está muy buena ¡A la basura (incluida la paella que se cocinó)!

Una modalidad de paelleras que también abunda son las de fondo de teflón. Este fondo está muy bien para freír huevos, pero jamás para elaborar una paella. Si llegara a pegar el fondo, que por otra parte, no es en absoluto difícil al cocinar una paella, se formaría un sabor detestable que se transmitiría a buena parte del arroz ¡Completamente desaconsejables, por muy fáciles que sean de fregar!

También hay quien nos quiere dar gato por liebre, especialmente en los restaurantes, con tarteras bajas, de paredes rectas, normalmente de aluminio y dos asas, que normalmente usan para terminar —de forma truculenta— la paella en el horno. ¡Ni de...! Fuera con ellas.

Por otra parte quien pretenda hacernos creer que un recipiente de barro es una paellera, o que vale para cocinar una paella, o no tiene ni idea o nos está tomando el pelo. ¡A la calle, por ignorante o por estafador, una de dos!

Obviamente el que nos presente una «paella» en una pota de las rojas de toda la vida, está ya cerca de la jubilación culinaria. Que deje la cocina para gente más joven.

Y ya dentro de lo que *sí* son paelleras podemos distinguir entre las que vienen esmaltadas y las de hierro, puro, duro y oxidable con todas las de la ley. Personalmente recomendamos las segundas. Las paelleras esmaltadas, al margen ya de no ser las tradicionales, tienen la única finalidad de que no se oxiden al guardarlas, pero trabajan peor la elaboración del fondo de arroz, tendiendo, en caso de exceso de fuego a quemar y no a formar el *socarrá* (ese fondo marronáceo y un poco dorado, que no negro, pegado al fondo de la paellera tan apreciado especialmente por las gentes levantinas).

Conclusión: deben usarse las clásicas paelleras de hierro sin ningún tratamiento. Pero todavía dentro de esta correcta elección hay que tener en cuenta una sutil distinción entre dos tipos de paelleras que se encuentran en el mercado. Las de asas verdes y las de asas rojas. Elijamos, siempre que podamos, las de asas verdes. ¿La razón? Son más bajas que las de asa roja, lo que nos obliga a hacer las paellas con menor altura de arroz, algo siempre aconsejable. Además, la altura de los bornes interiores de las asas en las rojas está ligeramente desproporcionada en la relación que ha de haber de agua y arroz a la altura de dichos bornes. Y, una cosa más: las paelleras de hierro son baratísimas. Con el precio de una con fondo difusor compraremos cinco de las de hierro.

Una vez sabido esto, descartadas todas las posibilidades de paelleras erróneas, y con las de hierro en la mano veamos los tamaños que se han de usar según el número de comensales.

A este respecto, lo primero que hay que señalar es que cada paellera se usa para un número determinado de comensales. Es decir, en una paellera para cuatro personas no podemos hacer siete raciones. Lo mismo que en una de siete no podemos hacer una paella para cuatro. Esto es una precaución imprescindible si queremos obtener unos buenos resultados paellísticos. Con demasiado arroz, por encima de los bornes interiores de las asas, el arroz se pasaría irremediablemente, y con menos de la cuenta habría «calvas» de arroz que, ya se sabe, no lucen ni en la cabeza de un sabio. En cualquier caso, siempre es preferible una paellera *un poco mayor* de la cuenta que una *un poco menor*.

Visto esto, resulta obvio que en casa deberemos disponer de un juego de por lo menos cuatro paelleras. Nadie se arruinará por eso y nos cubriremos las espaldas con los típicos comensales inesperados que vienen de más o de menos.

Dar medidas exactas de paelleras por número de comensales es un poco arriesgado, pues realmente va en función de la cantidad de *tropiezos* que lleve cada paella. No es lo mismo un arroz abanda, en el que todo es arroz, que una paella clásica de mariscos con toda clase de crustáceos llenos de patas buscando sitio en el ruedo arrocil. Por este motivo, en el cuadro que se presenta a continuación se da un margen de fluctuación de una ración. En cualquier caso, téngase en cuenta que el número de comensales que indica la etiqueta adherida a la paellera cuando la compramos es sencillamente un disparate. Realmente llevan casi la mitad de raciones que las que indican.

DIÁMETRO DE LAS PAELLERAS POR NÚMERO DE COMENSALES

2 – 3 raciones	30 cm
3 – 4 raciones	35 cm
4 – 5 raciones	40 cm
5 – 6 raciones	45 cm
6 – 7 raciones	50 cm
7 – 8 raciones	55 cm
8 – 9 raciones	60 cm
9 – 10 raciones	65 cm
10 – 14 raciones	70 cm

Las paellas de este recetario deberán hacerse con una paellera de 55 o 60 cm de diámetro, dependiendo de los ingredientes que lleve.

En lo que respecta a las paellas para más de quince personas, decir que no tienen más secreto que utilizar paelleras mayores, si bien es cierto que son poco aconsejables pues nos veremos obligados a trabajar con una altura de arroz que excede los niveles recomendables. Cuanta más altura o profundidad de arroz, más posibilidades hay de que se empaste. De hecho las paelleras tienen esa forma tan ancha y baja, para que el arroz cueza a muy poca altura. Son, en definitiva, sartenes grandes.

Finalmente, las paellas de exhibición para miles de personas, tamaño *falla* valenciana, realizadas con maquinaria más propia de la construcción que de la cocina —grúas, contenedores, mangueras, palas, etc.— son, sencillamente, una aberración verbenera que sólo sirven para rellenar un poco más el absurdo *Libro Guinness de los récords*[1].

CONSERVACIÓN DE LAS PAELLERAS

Cuestión también de suma trascendencia hablando de paelleras es como deben «estrenarse» y después como se han de conservar.

Cuando compremos una paellera de hierro deberemos, antes de cocinar la primera paella, frotarla bien con vinagre. Después aclararla y fregarla a conciencia con un lavavajillas y, todavía antes de empezar a cocinar con ella, hervir unos puñados de arroz durante unos veinte minutos. Con este proceso, menos engorroso de lo que parece, habremos eliminado el desagradable sabor que produce la sustancia antioxidante con la que vienen bañadas las paelleras para su conservación en almacén.

Cumplido este ritual y tras su primer trabajo en nuestros fogones, resulta de vital importancia aplicarle un tratamiento específico para su conservación, es decir, para que no se oxide,

---

[1] El récord lo ostenta una paella con 5.000 kilos de arroz y 12.000 litros de agua (además de otros ingredientes) que fue cocinada en Valencia el 8 de marzo de 1992 por M. Velarte y J. C. Galbis, junto con un equipo de 72 personas, en un recipiente de 20 metros de diámetro (209.099 m^3). La degustaron más de 100.000 personas.

cosa que sucede en menos de una hora cuando quedan húmedas.

Existen dos métodos: el primero es untarlas ligeramente con un papel corriente de cocina o con una servilleta de papel empapada en aceite preferiblemente de oliva. Es vital que se recubra completamente con esta pátina de aceite, pues los lugares que quedaran expuestos al aire se oxidarían rápidamente (entiéndase que esto se hace sólo por la parte interior de la paellera, no por el fondo ni por las asas). El otro método consiste en espolvorearlas generosamente con harina, sustancia que absorberá toda la humedad evitando su oxidación.

Aunque hay quien defiende ardorosamente este segundo método argumentando que así no quedan restos de sabor a aceite rancio, nosotros nos decantamos por la primera. Es más seguro y lo único que hay que hacer cuando se vuelve a usar la paellera es fregarla bien con un lavavajillas. En todo caso, habrá que emplear inexcusablemente un método u otro después de cada uso del recipiente.

Si nos encontráramos un día con una paellera oxidada por la acción u omisión de algún desaprensivo que no tuvo los cuidados mencionados, no será necesario tirarla a la basura. Se puede limpiar usando sencillamente un poco de bicarbonato que frotaremos sobre la superficie oxidada con un limón partido a la mitad. La reacción química de estos dos elementos dejará el noble recipiente lustroso como el primer día. Tampoco estaría de más, aplicar este tratamiento a nuestras cuidadas paelleras cada cierto tiempo, 6 ú 8 meses por ejemplo.

TÉCNICA DE LA COCINA DE LA PAELLA

Como dijimos en la «Brevísima introducción», este apartado es de ineludible lectura para conseguir hacer unas paellas merecedoras de *Oscar*. Estos puntos clave constituyen los secretos mejor guardados del mundo de la paella. Son unas reglas áureas que sacamos a la luz aquí aun a riesgo de sufrir algún atentado —dialéctico— de los alquimistas culinarios más celosos del secreto. Préstese mucha atención:

- El tiempo de cocción del arroz —hablando siempre del arroz blanco común, como por ejemplo el SOS— varían según la altura del nivel del mar. Como medida orientativa diremos que, a pie de mar, el tiempo normal es de 12 a 14 minutos, mientras que a la altura, digamos de la meseta, es de entre 13 y 15 minutos, con el consiguiente aumento de demanda de líquido. En cualquier caso, nunca son los típicos 20 minutos. Con tanto tiempo sólo conseguiremos un «grumo arrocero». A esto deberá añadírsele la consideración de si el arroz se rehogó previamente y cuanto tiempo.

- El arroz no se echa en la paellera espolvoreándolo por toda la superficie. Se hace tendiéndolo en una línea recta entre asa y asa que ocupe la anchura de dichas asas y hasta la altura de los bornes interiores de las mismas. Esta es la medida justa de la paellera. Si esta «cordillera» de arroz es más alta que los bornes, la paella quedará demasiado profunda y el arroz tenderá a quedar pastoso. Si queda por debajo de dicha altura, faltará arroz, apareciendo «calvas» por los lados.

- Una vez realizado el «tendido» del arroz entre asa y asa, la cantidad de líquido necesario será justo hasta el comienzo de los bornes interiores de las asas. Haciéndolo así no es preciso hacer mediciones de ninguna clase. En cualquier caso, para los que no hayan alcanzado un elevado nivel de práctica, será mejor que midan tanto el arroz como el líquido, siendo éste aproximadamente dos veces y media o un poco más la medida del arroz. No obstante, midamos o no, el arroz siempre se tenderá sobre la paellera como se explicó para saber si nos vamos a pasar de cantidad o nos vamos a quedar cortos.

- Después de incorporar el líquido en la paellera, el arroz no se repartirá por toda ella con cuchara de madera, como se empeñan en defender muchos libros sobre la paella, sino que se distribuirá uniformemente con una espumadera redonda —preferentemente la de mango largo especial para paellas— moviéndola por el fondo de todo el recipiente con movimientos cortos y secos, sin sacarla nunca a la superficie, para, al final, dar unas enérgicas sacudidas al recipiente cogiéndolo por las asas. Con esto evitaremos formar «olas» y que caiga líquido fuera del recipiente.

- Después de unos cinco minutos de haber repartido el arroz por toda la paellera no se debe revolver más, pues tendería a soltar almidón y a empastarse. Sólo en caso de «calvas», se pasará delicadamente alguna cucharada de arroz allí donde se necesite desde donde sobre (normalmente el centro de la paellera).

- Cuando sofriamos algún ingrediente en la paellera y los bordes de ésta queden sin aceite, dichas partes periféricas secas se espolvorearán con unos generosos puñados de sal, con lo que evitaremos que se formen zonas propensas a quemar cuando se llene del todo la paellera. Esta sal, normalmente, será toda la que se use en la paella, añadiéndose más sólo si se hace necesario en la comprobación final.

- El tiempo de reposo de una paella no son los clásicos cinco minutos, sino ¡doce! Y, mientras tanto, no debe taparse con nada, ni con paños, servilletas, periódicos, ¡con nada! Ha de reposar fuera del paellero sobre una superficie que no esté caliente. Algunos valencianos dicen que ha de reposar sobre un suelo de tierra: ¡eso tampoco! Es un riesgo innecesario y estrafalario (¿qué hace una paella en el suelo expuesta a ataques caninos o gatunos o a las pisadas involuntarias de algún sabio despistado?).

- En el supuesto caso de que faltara líquido al final de la cocción de la paella, sencillamente se añadirá caldo o agua hirviendo muy lentamente, evitando en todo momento que se pare la cocción. De nada sirven los consejos de algunos libros que dicen que esto se puede solucionar cubriendo la paella con un paño húmedo a la hora de reposar que hará que el arroz absorba humedad. En el caso contrario, que sobre líquido, no hay más que sacar el excedente con la ayuda de un cazo. No pasa nada. Tal vez sea mejor, tener que sacar líquido que aportarlo. En cualquier caso, ninguna de las dos situaciones es motivo de desesperación.

- La medida de arroz por persona es de 100 gramos, el equivalente más o menos a un pocillo pequeño de café. Sin embargo, está comprobado que en las paellas de cierta categoría esta ración es insuficiente, por lo que es aconsejable echar más una vez comprobada la morfología de los comensales. Por ejemplo, las recetas de este libro, aunque son para ocho personas, no llevan 800 gramos de arroz, sino un kilo.

- La aportación del líquido a la paellera, bien sea antes o después del arroz, y ya sea caldo o agua, será siempre ¡hirviendo! El arroz no permite que se le «asuste» en ningún momento, es decir, que se le pare la cocción.

- La paella se retirará del fuego cuando el arroz todavía está un poco duro y algo caldoso, nunca cuando ya está para comer. El arroz en paella, como la pasta, debe comerse *al dente*, ¡quede esto muy claro!

- Lo que los valencianos llaman el *socarrat* o *socarraet* o *agarraet* es el arroz que queda pegado en el fondo de la paellera, un poco quemado y de color marrón dorado. No tiene nada que ver con el arroz negro que queda cuando quema, y que sabe sencillamente a quemado. No es necesario que las paellas tengan *socarrat* para demostrar su calidad, pero si uno tuviera especial empeño en ello, sépase que la forma correcta de conseguirlo es subir el fuego al máximo los tres últimos minutos de la cocción de la paella. El arroz ya casi hecho se «agarrará» al fondo del recipiente por el golpe de calor, pero sin llegar a quemar. En cualquier caso, recuérdese: una cosa es el *socarrat*, de color marrón dorado y de muy agradable sabor y otra bien distinta el quemazo a las claras, con un sabor parecido al del carbón o pero aún.

- Para servir el arroz se utilizarán dos cucharas normales, que se cogerán con una mano, y un tenedor que se cogerá con la otra. Con las dos cucharas se volteará un par de veces con un giro de muñeca la parte de arroz que se va a servir en un plato con objeto de mezclar el grano de arriba, que estará más duro, con el de abajo que estará más blando. El tenedor lo usaremos para ayudar en esta operación y para despejar el arroz que quede pegado en las cucharas al servir.

LA REGLA DE BODONI

También ésta es una regla áurea para cocinar una paella, pero con la excepcionalidad de que sólo la encontrará en este libro. Procede de las conclusiones personales sacadas tras la experimentación con varios cientos de paellas, y por ello la exponemos en una sección aparte de las anteriores «técnicas de la cocina de la paella», por otra parte, ya conocidas en mayor o menor medida.

Giovanni Battista BODONI (1740-1813) fue un impresor y tipógrafo italiano que nada tuvo ni tiene que ver con las paellas. Después de trabajar como cajista en Roma se trasladó a Parma en donde se convirtió en encargado de una imprenta en 1768. Allí imprimió hermosísimas ediciones de autores clásicos como

Virgilio y Homero. Su excepcional talento para la tipografía le llevó a crear lo que se considera uno de los primeros tipos de letra de estilo moderno, la letra Bodoni, destacando por su «diafanidad» y por el marcado «contraste entre los rasgos fuertes y finos». En su *Manuale tipográfico*, escrito en 1818, marcó una serie de pautas irrefutables sobre tipografía que han llegado hasta nuestros días, destacando especialmente una, lo que se conoce como «la regla de Bodoni», la cual predica que en una hoja sólo puede haber, como máximo, tres tipos de letra.

No hemos encontrado un símil originalmente más apropiado para explicar que «en una paella no debe haber más de tres tipos de ingredientes, debiendo destacar éstos por su diafanidad y mostrar un marcado contraste entre ellos». A esto lo hemos llamado «nuestra particular regla de Bodoni».

Desarrollando este enunciado, lo que queremos decir es que las paellas deben llevar unos ingredientes que contrasten unos con otros, que sean de naturaleza claramente diferenciada. Y, lo más importante, no deben usarse más de tres tipos de ingredientes, sin contar con el arroz y demás sustancias que lo aderezan (aceite, sal, pimentón, azafrán, etc.). Es un error de pésimo gusto «atiborrar» las paellas con todo tipo de ingredientes, como aparecen las clásicas recetas de marisco de muchos sitios con langostinos, gambas, mejillones, almejas, rape, cangrejos, nécoras, bogavante, calamar, chipirones y todo lo que encuentran a su paso. Al final, los que van a comer la paella, lo que quieren es arroz, y una pelea entre tanta pata, antena, cáscara, espina, pinzas... para conseguir una cucharada de arroz es un esfuerzo con el que no se puede castigar a quien inocentemente va a comer una paella.

Entiéndase que hablamos de que se admiten tres «tipos» de ingredientes, no tres ingredientes. Por ejemplo, si la paella lleva gambón y langostinos, éstos, por su similitud morfológica, constituirán un solo tipo de ingrediente. Dos tipos serían, por ejemplo, langostinos y almejas. Tres tipos, langostinos, almejas y nécoras. Las excepciones a la regla serían los casos en los que se aporta muy poca cantidad de cada ingrediente, como puede ser el caso de las paellas de verduras, en las que más bien se busca la variedad de ellos.

Es, repetimos, una regla de oro. Las paellas deben ser claras, francas y, sobre todo, contener abundante arroz. Todos nos lo agradecerán.

LA PAELLA POR «SERENDIPIDAD»

La serendipidad es la facultad de hacer un descubrimiento o un hallazgo afortunado de manera accidental. Por «serendipidad» encontró Colón —por ejemplo— las playas de Guanahaní y los esposos Curie las virtudes radiactivas del torio». Aunque se trate de un vocablo de una erudición aparentemente excesiva, no hay otro que defina mejor lo que aquí se quiere decir.

Con el tiempo, con la práctica, con tesón paellero, acabaremos desarrollando la azarosa facultad de conseguir hacer paellas, literalmente, con cualquier cosa: arroz + lo que sea. El *instinto* nos llevará por el buen camino para rematar arroces en paella con los medios más exiguos, o más opulentos.

La intención última de este libro es, de hecho, conseguir desarrollar la «serendipidad» para hacer paellas, demostrar que éstas no se hacen de una forma, sino que, muy por el contrario, no deben hacerse siempre de la misma forma. En pocos platos se puede dejar tanto al azar como en la paella, en tan pocos se puede hacer tanto con tan poco. Como alguien dijo desdeñosamente *una paella se puede hacer... con nada.*

Las recetas de este libro quieren ser *destellos orientativos*, no formas cincunferidas de cocinar. Son cien fórmulas —ciento una, realmente— que abren figuradamente cien formas de hacer paellas o, lo que es lo mismo, simbolizan infinitas formas de hacerlo.

AZAFRÁN VERSUS COLORANTE

El azafrán merece una mención especial aparte en un recetario de paellas, pues, aparentemente, todas lo llevan, aunque no sea así, pues muchas no deberían llevarlo.

El azafrán es un condimento formado por los estigmas secos de una planta originaria de Asia Menor llamada *Crocus sativus*. Su dificultad de recolección la convierte en una especie de piedra preciosa culinaria de incalculable valor. Un kilo de azafrán cuesta más que un kilo de oro. Aunque en general sólo se conoce su uso culinario, también tiene múltiples propiedades medicinales, por ejemplo, para combatir la tos con expectoración, para excitar la función gástrica o, debido a su acción narcótica, como sedante. No obstante, un uso homeopático excesivo del azafrán resulta peligroso para la salud.

Pero lo que realmente interesa aquí es su uso en cocina, y concretamente en los arroces en paella. Hay quien cree que el azafrán aporta un sabor indispensable en todo tipo de paellas, pero lo cierto es que resulta difícil detectar su característico aroma dulzón entre la inmensa reunión de sabores que se juntan en una paellera. Y para más invalidez de dicho argumento, el pimentón, presente en muchísimas recetas, solapa el sabor del azafrán, anulándolo por completo. Con todo esto, llegamos a la conclusión de que el azafrán sólo sirve para dar ese color amarillo solar, un poco dorado, típico de las paellas. Y si aceptamos esto como válido, es decir, como una mera aportación cromática, ¿no valdría igualmente usar colorante alimentario, que es infinitamente más práctico y barato?

En realidad debería ser así, pero los más puntillosos, los que encuentran veneno en todo lo que no sea comida natural suelen decir airadamente —con un cigarrillo entre los dedos, en muchos casos— que eso es basura para el organismo. Son los habituales politoxicómanos de toda paella, los que fuman, beben alcohol, toman cafés en cantidades garrafales diariamente, pero que no comen una lata ni mucho menos echan colorante a la paella.

Ante esta absurda polémica, sólo cabe aclarar que el colorante alimentario es sencillamente un aditivo de tartrazina que no hace más que dar color, respetando absolutamente el organismo humano y sus funciones, como fehacientemente nos garantizan las autoridades sanitarias competentes. Sólo hay un elemento que inclina la balanza ligeramente del lado del azafrán: su color es más dorado, más hermoso en una paella. Lo demás son cuentos de las sectas naturistas. Nuestro consejo final al respecto es que se use azafrán (en hebra) siempre que sea posible, pero, caso de no ser así, que no se tenga ningún reparo en utilizar colorante alimentario y, mucho menos, en confesarlo.

CÓMO SE HACEN LOS CALDOS

Los caldos son la «tinta simpática», por decirlo de una forma un poco cifrada, del sabor de las paellas. Constituyen ese elemento invisible que se materializa finalmente en el paladar en forma de gusto o *disgusto*, sabor o desabor.

Aunque hay paellas que no lo llevan, ejemplo que encabeza la paella Valenciana, sí debemos usarlo siempre que sea posible (y hagamos siempre lo posible para que así sea).

Antes de entrar en la materia puramente técnica de cómo hacerlos, veamos primero unas aclaraciones terminológicas que nos permitirán saber de qué estamos hablando en cada caso. Para referirnos a este sabroso líquido existen varios términos, con su correspondiente definición:

Caldo: el caldo, propiamente dicho, es el líquido resultante de la cocción en agua de cualquier tipo de alimento, carne, pescado o verdura. Se puede realizar una cocción expresamente para obtenerlo o simplemente resultar de la cocina de cualquier plato, como puede ser de un cocido.

Caldo corto: es un líquido condimentado con hortalizas u otros ingredientes o bebidas alcohólicas, normalmente vinos, que se usa para cocer pescados y mariscos al que se le reduce haciéndolo cocer destapado durante por lo menos una hora.

Consomé: cuando hablamos de consomé nos referimos a un caldo de carne concentrado y aderezado. Se elabora cociendo lentamente las carnes y clarificándolo después. El consomé, al estar destinado a su consumo directo, se suele servir en tazones.

Fondo: en cocina se conocen genéricamente como 'fondos' los caldos que se realizan para aportar o enriquecer los sabores de otros platos. Se preparan sin sal y los hay de muchas clases: de ave, de pescado, de caza, blancos, oscuros, etc. La diferencia entre los fondos y los caldos, es que los primeros son, como se acaba de exponer, para incorporar a otras elaboraciones culinarias, mientras que los caldos son, casi siempre, para consumir directamente.

Fumet: galicismo con el que se conocen los fondos poco concentrados bien de carne, pescado o verduras, aunque lo más habitual suele ser de pescado.

Para nuestros fines *paelleriles*, hemos optado por utilizar el término universalizado de «caldo», aun siendo conscientes de que el término exacto que requiere el caso es el de «fondo». En cualquier caso, queda a criterio de cada uno cómo lo llame o cómo lo haga, pues los cinco tipos de cocción anteriores son perfectamente válidos para aportar a la paella. Es decir, podemos aprovechar cualquiera de ellos que tengamos hechos.

Lo que sí es necesario saber es cual es la «tecnología básica» que encierra su elaboración que, aun siendo muy sencilla, es preciso conocer con claridad y entendimiento. En primer lugar, debe asimilarse el concepto de que un caldo se realiza por «cocina por expansión». Esto es, se trata de extraer los sabores de todos los ingredientes para dejarlos en el líquido que forma el caldo, no de concentrar los sabores de los líquidos en los ingredientes, cosa que sería «cocina por compresión». Para conseguir esto no hay más que seguir unas reglas muy sencillas, pero de ineludible cumplimiento.

Empezaremos el caldo siempre poniendo agua fría, a la que añadiremos —en frío— todo tipo de ingredientes que puedan aportar sabor. Si es de carne, le pondremos huesos de ternera, trozos de carnes duras como la falda o la costilla de ésta, o en realidad cualquiera de la que dispongamos. Si fuera de ave, utilizaríamos preferentemente trozos de gallina o cualquier sobra de las aves que tengamos. De pescado, emplearíamos las consabidas cabezas de pescado (especialmente las de rape y merluza), espinas, pescados de roca, parte trasera del congrio, etc. A todo esto le añadiremos siempre hortalizas como puerros, cebollas, zanahoria, apio y en definitiva, todo aquello de lo que dispongamos, teniendo en cuenta que hay que mantener una cocción lenta en todo momento, mejor destapada, para facilitar la evaporación de agua y favorecer la concentración de sabores en el líquido, *asustándola* (añadiendo agua fría) periódicamente para ralentizar aún más la cocción. Así mantendremos la elaboración del caldo por lo menos 2 o 3 horas; en realidad, cuanto más tiempo mejor, más sustancia saldrá de los ingredientes.

Cuando hacemos el caldo para una paella, lo normal es aprovechar también los restos de lo que vaya a llevar la paella. Si es de pescado o marisco, le echaremos todo lo que sobre de estos ingredientes e igualmente haremos lo mismo con las de carne. Lo que ha de quedar claro es que no existen «recetas» para elaborar caldos. Todo vale, siempre que se haga como se explicó anteriormente, «por expansión».

Finalmente, comentemos el polémico tema de los concentrados especiales de caldo, los famosos cubitos o pastillas de carne, pescado o verduras, que en nuestra personal terminología de trabajo a la hora de realizar este libro llamamos crípticamente *cargas de profundidad.* Los miembros de las sectas naturistas —que siempre hay alguno camuflado en las fiestas de las paellas— igual que con el colorante alimentario, nos ponen el grito en el hipotálamo cuando alguien usa estas sustancias compuestas básicamente por glutamato monosódico: ¡Envenenamiento!

Zanjemos rápidamente esta cuestión diciendo que, efectivamente, si conseguimos hacer un buen caldo con gran potencia de sabor empleando productos naturales (cabezas de pescado, huesos, hortalizas, etc.) es absurdo usar alguna de estas sustancias artificiales, que por otra parte no representan absolutamente ningún problema para la salud (¡estaríamos todos buenos si lo representaran!). Ahora bien, si hacemos un caldo que no ha cogido sabor, tal vez por el simple hecho de que no tuvimos bastante tiempo para cocerlo, o porque no tenemos bastantes ingredientes o por lo que sea, que nadie dude ni por un momento en soltar dos, tres, cuatro o el número que sea preciso de *cargas de profundidad* y... ¡sin complejos! (Las paellas que van cocidas con agua, agradecen muy especialmente estas *armas navales*).

HOMENAJE RIMADO A LA «PAELLA»

Antes de entrar en el recetario de las «cien paellas y una fideuá», creemos justo brindar un merecido homenaje a la madre de todas las paellas, la «paella valenciana», pidiéndole disculpas, al mismo tiempo, por haberla hecho llegar tan lejos sin su expreso consentimiento. Y no hemos encontrado forma más cariñosa de hacerlo que rescatando unos versos de un olvidado libro que se publicó allá por el año 1943, paradójicamente en Buenos Aires. Se trata de *El libro del buen arroz* de José Martínez Orozco, el Mestre Josep, como se le conocía. La receta rimada habla por sí sola.

Fuera pobre emplear la prosa llana para hablar de la paella valenciana;	el romance tampoco es suficiente como plato de guiso tan suntuoso,

pues aunque uno no sea muy
	verboso
ha de hacerlo elocuente
la mucha variedad,
el lujo y la riqueza
de condumios de tal delicade-
	za
de sabor, obtenida
por una nueva vida
que en el fuego revelan su
	verdad
y obligan a tratar de majestad
o, a lo menos, de alteza,
al arroz que de todos va en
	cabeza.

Y este arroz, pese al prosaico
	objeto
al cual todo manjar está sujeto,
y parece tan lejos del lirismo,
ha debido el bautismo
al mago sentimiento
que es goce y es tormento,
alegría y dolor:
el amor.

Cuéntase que una bella
y garrida doncella
vivió en época incierta
en la opulenta huerta
donde cada muchacha es un
	primor,
como ya dijo en verso Cam-
	poamor.
(Para que nadie albergue otra
	creencia
precisaré: la huerta es de Va-
	lencia).
Pues bien: a esta huertana,
que gozaba de una soberbia
	gana,

requerían de amores
los más fuertes y apuestos
labradores.

Pariguales los mozos en valía,
por romper el empate
y evitar el combate,
la huertana propuso que, a
	porfía,
trabáranse en galana compe-
	tencia,
demostrando su ciencia
en guisarle un arroz que con-
	tentara
su gusto y apetito;
que fuera bueno y, además,
	bonito;
es decir, de buen fondo y bue-
	na cara.

Al punto dispusiéronse a gui-
	sar,
en prado deleitoso,
los que tal galardón quieren
	ganar.

Allí el mozo rumboso,
allí el discreto, el pobre y el
	osado,
ponen su corazón enamorado
en puja estrafalaria,
puesto que el premio le será
	otorgado
al más hábil en ciencia coqui-
	naria.

Aguzando el ingenio se prepa-
	ra
cada cual a ofrecerle muestra
	rara
de arroz; y uno, despierto,

lo hace con gallo muerto;
(así lo llaman, aunque yo no
   hallo
que pudiera guisarse vivo un
   gallo).
Otro lo hace con pesca
—y un alioli que arde como
   yesca—.
Alguno, que no es lerdo,
lo cocina con cerdo.

Quien, oyendo el consejo
de una vieja, lo mezcla con
   conejo.

Calamar, mejillones y langosta
hay quien pescó para este
   arroz aposta.

En fin, que cuanto entierra
en sus huertas la tierra
y cuanto en río o mar
vive para nadar
ofreció su sabor
de la bella en honor.

Pasmados contemplaban los
   mirones
tan varia muchedumbre de
   fogones
y no faltaron quienes,
extrañados de ver tantas sartenes,
quisieron conocer
el objeto de aquel magno cocer,
de tanto y tanto arroz con tanta cosa
de tan gran variedad y tan
   sabrosa.

—Pues todo esto
que aquí veis— responde alguno presto,
recordando a la bella—
es «pa Ella».

Así, desde aquel día,
en memoria de tan rara porfía
en arte culinario,
cuando se hace un arroz extra-
   ordinario
que armonice los dones que en
   la tierra
parecieran hallarse siempre en
   guerra,
como aves, pescados,
caracoles, anguilas y cochinos,
calamares de digerir pesados,
róseos langostinos
y etcétera de huerta,
tened por cosa cierta
que, en homenaje a la gentil
   doncella,
lo llamarán «paella».

Mas vayamos al grano,
—al grano del arroz, que es el
   más sano—,
y demos de hoz y coz
la receta de este sabroso arroz.

En sartén apropiada y con dos
   asas
puesta sobre las brasas,
(pues la leña es el fuego
que hace con el arroz el mejor
   juego)
el aceite pondrás
y, cuando esté caliente, allí
   echarás
el pollo troceado

que, con lomo de cerdo acom-
    pañado
pronto se dorará;
el pimiento caerá
a amenizar el frito
que cebolla, tomate y pimen-
    tón
pondrán más rebonito.
Cuando ya la fritada esté en
    sazón,
cubre con caldo todo y haz que
    cueza
según sea del pollo la terneza.

Caracoles puedes ahora echar,
y hasta hay quienes añaden
    calamar;
también la anguila aporta
al caldo una substancia que
    conforta.

Luego pon azafrán,
que es de los condimentos
    capitán;
y la «divina» sal
—como lo llamó Homero—
elemento primero,
pues que ya en el bautismo es
    principal.

Pon el arroz en cantidad pru-
    dente,
según el apetito de la gente.

(La etcétera de huerta,
alcachofas, guisantes,
o habichuelas, en cierta
cantidad
y calidad,
la habrás echado antes).

Sobre el arroz pondrás apa-
    reados
langostinos rosados,
mejillones oscuros,
que si por fuera duros
son ambos, el más tierno
bocado ofrecen en su fuero
interno.

Cuida el fuego,
cuida; en este juego
el fuego es elemento decisivo;
al principio muy vivo,
ha de ir menguando luego.

¡Cuida el fuego!
Cuando el arroz cocido
queda, está tan lucido
con graciosos realces y colores
(amén de los miríficos olores)
que, al presentarse orondo en
    el mantel,
semeja rica estofa recamada
o pieza por orfebre trabajada
o canasta floral que algún don-
    cel
ofrenda en homenaje a alguna
    bella.

Esta es la famosísima «paella».

PAELLAS DE CARNE

(recetas para 8 personas)

1 | Paella valenciana

Mucho se ha discutido y se discute sobre cómo es la «auténtica» Paella Valenciana (en claras mayúsculas). Y como resulta que es bastante probable que la solución no se encuentre en un futuro que lleguemos a ver la mayoría de nosotros, ni nuestros hijos, ni los hijos de éstos, aquí se expone una «valenciana auténtica», por lo menos en el sentido de que no transgrede ninguno de los preceptos intocables de la sagrada liturgia de la escuela valenciana (¡Dios nos libre!).

Perdónenos también el viejo y olvidado poeta de la cocina, mestre Josep, (véase el «Homenaje rimado a la paella» de la primera parte) por «emplear prosa llana para hablar de la paella valenciana», si aclaramos tan sólo unas breves —pero ineludibles— rúbricas con las que nunca errará el parlanchín conocedor de este galardonado e internacional plato. Los ingredientes de inexcusable uso serán siempre, aparte del arroz, el pollo, el conejo, las judías conocidas en la región levantina como ferraúra y las pequeñas alubias conocidas como tavella, el garrofó (habas blancas muy grandes y aplanadas), tal vez los caracoles (vaquetas) y el azafrán. El resto, todo lo que se quiera y más, queda al personalísimo criterio de cada cual, pues en ningún sitio como en la paella valenciana se puede aplicar con tanto acierto el dicho aquel de cada maestrillo tiene su librillo.

INGREDIENTES BASE	INGREDIENTES ESPECÍFICOS
1 kg de arroz	*½ conejo*
agua	*½ pollo*
3 sobres de azafrán	*250 g de judías*
1 cucharadita de pimentón dulce	*(ferraúra y tavella)*
3 tomates maduros	*250 g de garrofó*
aceite de oliva	*300 g de vaquetas o caracoles*
sal	*(opcional)*

- Se cuece el garrofó en abundante agua hasta que esté blando y se hace lo mismo con los caracoles, reservándose ambos.
- En la paellera se fríe el conejo y el pollo previamente salado y troceado (el tamaño depende del «método» de cada uno). Cuando la carne esté bien dorada, se añade una cucharadita de pimentón dulce, revolviéndose todo sin parar, para evitar que queme.
- Se agregan los tres tomates pelados, picados y sin pepitas, así como

las judías (si es posible ferraúra y tavella) dejándose hacer todo bien durante unos 10 minutos.

- A continuación se añade agua caliente, junto con la de la cocción del garrofó, en doble cantidad y un poco más que el arroz que se va a echar y se revuelve, dejando que se guise por lo menos 25 minutos, hasta que la carne, esté tierna. Se irá reponiendo periódicamente el líquido evaporado con agua, fijándose en la marca que queda en los bordes de la paellera.
- Se añaden los sobres de azafrán, previamente tostado, machacado y desleído en un vasito de agua caliente.
- Aumentando el fuego hasta llegar a plena ebullición, se incorpora el arroz y se esparce uniformemente con la espumadera por todo el fondo.
- Se añaden el garrofó y los caracoles (de haberlos) sin que se detenga en ningún momento la ebullición, esparciéndose por toda la superficie.
- Se comprueba finalmente de sal y ya no se vuelve a tocar el arroz.
- Se deja cocer todo durante unos 15 minutos, con fuego vivo al principio y más suave al final.
- Se retira del fuego, se deja reposar 12 minutos y se sirve.

2 | Paella de carnes de cerdo

Alguien dijo «Del cerdo, hasta los andares», y no le faltó razón. Tan rechoncho animalillo ha tenido el honor de crear todo un terremoto culinario de buenos platos, entre los que se encuentra, muy próximo a su epicentro, la paella.

Qué y cómo se puede usar su explotado despiece es cosa que no cabría en varios tomos impresos en papel de Biblia, pero lo más razonable cuando lo arrimamos a una buena paella será usar sus partes más regias: el magro, las costillas, el lomo..., sirviéndonos en cualquier caso de la sencilla regla de alejar, en orden de prioridades —y disponibilidades—, lo más casquero y gelatinoso, dejándolo para los casos *in extremis* (aunque no por ello sean estas partes menos dignas).

También conviene recordar que las carnes de este porquezuelo son, al tiempo que sabrosas, traicioneras, por lo que habrá que tratarlas con la desconfianza que se tiene con el prisionero de guerra, siempre buscando la fuga. No bastan los sencillos sofritos con un poco de ajo y cebolla y 15 minutillos de cocción con el arroz, no. Será necesario la *humillación* de mantenerlo en cocción con agua o caldo, hasta que se reduzcan definitivamente sus ansias de fuga del plato de los comensales por incapacidad manifiesta de ser digerido. Por si acaso, antes de servir la paella, pruebe siempre como ha quedado el cochino.

INGREDIENTES BASE
1 kg de arroz
caldo de carne
2 tomates maduros medios
3 dientes de ajo
1 pimiento verde
1 zanahoria
1 vaso de vino blanco seco
1 cucharadita pimentón dulce
½ cucharadita de pimentón picante
3 sobres de azafrán
aceite de oliva
sal y pimienta

INGREDIENTES ESPECÍFICOS
400 g costilla de cerdo
400 g de magro de cerdo
1 loncha gruesa jamón
1 chorizo

- Se salpimientan las costillas y el magro de cerdo y se reservan.
- En la paellera se hace un sofrito con el pimiento, los ajos y la zanahoria, picado todo ello muy fino.
- A medio sofrito se añaden las costillas y el magro de cerdo y se deja hasta que quede todo bien dorado.
- Unos 5 minutos antes de terminar este sofrito con la carne de cerdo, se añade el chorizo y el jamón troceado en taquitos.
- Se agrega el pimentón dulce y el picante y se remueve todo sin parar para que no queme.
- Se incorporan los tomates pelados, picados y sin pepitas y se rehoga el conjunto a fondo.
- Se añade 1 vaso grande de vino blanco seco de Valdepeñas o Rueda y se deja cocer hasta que se evapore casi todo.
- Se añade caldo de carne, hasta el doble y un poco más de la cantidad de arroz y se cuece unos 30 minutos (hasta que la carne de cerdo esté blanda), reponiéndose el caldo según se vaya evaporando.
- Se incorpora finalmente el arroz junto con el azafrán tostado, machacado y desleído en un poco de caldo, se comprueba de sal y se deja cocer unos 15 minutos.
- Se retira del fuego, se deja reposar unos 12 minutos y se sirve.

3 | Paella de costillas y coles

Aunque todos vinculamos las «costillas» con idílicas escenas de barbacoas campestres o jardinescas, estos huesos que van del espinazo al pecho de las apetitosas reses, se mueven como pez en el agua en los movedizos arroces de las paellas.

Las costillas cuando están en guiso, como es este caso, representan un manjar sabroso del que no se puede prescindir, siempre y cuando su carne quede blanda y perfectamente asequible a las dentaduras más débiles.

En esta receta, es particularmente importante no olvidar que las costillas de ternera son mucho más duras y fibrosas que las del bonachón gorrino (¡el pobre animal está en todo, desde luego!). Esto lo combatiremos, como bien indica la receta, cortando las costillas de ternera en trozos bastante más pequeños que los del cerdo y, además, invitándolas a que se frían primero en la paellera, para que cuando lleguen las del otro ya se hayan aplacado algo sus aires de dureza.

Si a las deliciosas y *masculinas* costillas las casamos con unas hermosas y cosmopolitas coles de Bruselas, haremos de esta humilde paella un plato digno de palacio.

INGREDIENTES BASE	INGREDIENTES ESPECÍFICOS
1 kg de arroz	*½ kg de costilla de cerdo*
caldo de carne	*½ kg de costilla de ternera*
1 bote de tomate natural triturado	*½ kg de coles de Bruselas*
4 dientes de ajo, 2 pimientos verdes	
1 cebolla grande, 1 ajo puerro	
1 vasito de brandy	
1 cucharadita de pimentón dulce	
3 sobres de azafrán	
aceite de oliva	
sal y pimienta	

- Se corta la costilla de ternera en trozos bastante pequeños, se sala y se pone a freír en la paellera con aceite.
- A los 10 minutos se añaden las costillas de cerdo troceadas como para guisar también saladas y se sigue sofriendo todo.
- Unos 5 minutos después se le agregan los 4 dientes de ajo, los 2 pimientos verdes, la cebolla y el ajo puerro (sólo la parte blanca) picado todo ello fino y se deja a fuego medio hasta que estén todos los vegetales bien pasados, añadiéndose al final la cucharadita de pimentón dulce y revolviendo sin parar para que no queme
- Seguidamente se añade el vasito de brandy y se mantiene todo revolviéndolo de vez en cuando hasta que se evapore casi todo el alcohol.
- Se incorpora el bote de tomate natural triturado, rehogándolo bien todo durante al menos 5 minutos.
- Se añaden las coles de Bruselas y se deja pasar otros 5 minutos más aproximadamente.

- Se echa caldo en doble cantidad y un poco más de la que se va a utilizar de arroz, la sal y se deja cocer todo unos 30 minutos, hasta que la carne esté blanda, reponiéndose el líquido evaporado con agua o caldo.
- Se incorpora el arroz, así como el azafrán desleído en un poco de caldo, se comprueba de sal y se deja cocer todo unos 15 minutos.
- Finalmente se retira del fuego y se decora con una rama grande de perejil, dejándose reposar unos 12 minutos.

4 | Paella de lomo con miel

La miel sirvió durante miles de años como único medio para endulzar. En la antigüedad, su procedencia estaba rodeada de un halo de misterio que ni los más sabios acertaban a resolver. El propio Aristóteles decía que la miel caía del cielo, principalmente al salir las estrellas. Los egipcios la situaban aún *más allá*, asegurando que procedía de las lágrimas del dios Ra. Este pueblo obsesionado en construir pirámides cuenta con el honor de disponer del documento escrito más antiguo que existe sobre la miel, un papiro fechado en el año 2400 antes de Cristo que se encontró en un templo del sol levantado por Ne-Use-Re en un lugar próximo a El Cairo llamado Sakhara.

Sin embargo, se sabe que mucho antes todavía, hace 9.000 años, los avispados valencianos ya sabían de la miel, y sin tantas fantasías, a juzgar por las pinturas rupestres halladas en Bicorp, Valencia, en las que aparece un cazador intentando coger un panal de abejas. Cómo la miel pudo pasar de las manos de aquel rudo cazador prehistórico a las sofisticadas paellas de nuestros días, se explica en esta receta.

Para terminar, recordemos que la paella no es un plato dulce, igual que el flan no es un plato salado; así que la intención de la miel aquí será tan solo crear un ligero sabor agridulce que «sorprenda» un poco y, sobre todo, agrade nuestros paladares.

INGREDIENTES BASE	INGREDIENTES ESPECÍFICOS
1 kg de arroz	*1 kg de cinta de lomo*
caldo de verduras	*1 cucharada de miel*
1 litro de leche	*1 pimiento rojo grande*
5 dientes de ajo	
1 cebolla grande	
2 limones, 1 vaso de Fino	
aceite de oliva, sal	

- Se deja la cinta de lomo toda la noche anterior a remojo en leche.
- Se trocea el pimiento rojo en tiras y se fríe en la paellera con aceite y unas pizcas de sal. Una vez que esté bien frito y un poco dorado, sin llegar a quemar, se retira y se reserva.
- Se pican muy finos la cebolla y los dientes de ajo y se sofríen en el mismo aceite con una pizca de sal hasta que esté bien pasado.
- Se incorpora la cinta de lomo previamente secada, cortada en filetes y éstos en tiras de aproximadamente 1 cm de ancho.
- Se saltea el lomo con el sofrito de cebolla y ajo y se añade la cucharada de miel (nunca más de 1 cucharadita, pues dejaría demasiado rastro de sabor dulce). Se remueve todo ello bien hasta que la miel empiece a caramelizar.
- Se añade el zumo de 1 limón exprimido directamente sobre la paellera, se revuelve un poco y se agrega el vaso de vino Fino, dejándose pasar todo hasta que se evapore el líquido casi en su totalidad.
- Se echa el arroz, rehogando el conjunto durante unos 4 minutos a fuego vivo.
- Se incorpora el caldo de verduras, se comprueba de sal y se deja cocer entre 12 y 15 minutos.
- Se deja reposar unos 12 minutos y se sirve la paella decorada con unas ramas de perejil en el centro y unas rodajas de limón, al gusto.

5 | Paella de costillas de cordero lechal

En todo el mundo árabe se considera que el mayor honor que se le puede rendir a un invitado cuando viene a nuestra casa es ofrecerle un cordero debidamente sacrificado, lo que llaman una *zabiha*. Como es bastante improbable que uno pueda realizar el sacrificio según los preceptos de Alá, por desconocimiento o por falta de ganas, parece acertado pues, que si tuviéramos en alguna ocasión un huésped musulmán le ofreciéramos una paella de cordero, en lugar de cometer la ofensa —casi bélica— de poner ante su presencia una paella de costillas de cerdo con chorizo.

Aunque cuando los musulmanes agasajan a su huésped con una *zabiha* le presentan siempre la cabeza del animal, para demostrar que no son unos miserables que aprovechan los restos de otro agasajo, nosotros, para nuestros modestos fines cristianos, nos limitaremos a usar sólo las costillas del animal.

Puede que el exótico huésped vea con cierta desconfianza que sólo encuentra al pairo entre tanto arroz esta parte del hijo de la oveja, pues bien es cierto que las costillas se consideran, junto con la falda y la paletilla, un corte de segunda. Pero con un poco de paciencia le explicaremos que no por ello pierde categoría de invitado, sino que lo hacemos porque es lo que mejor expande sus sabores al arroz. Con esto y los dátiles, dese nuestro convidado por bien agasajado.

INGREDIENTES BASE
1 kg de arroz
caldo de verduras
1 bote de tomate natural triturado
4 dientes de ajo
1 pimiento verde grande
1 cucharadita de pimentón dulce
3 sobres de azafrán
1 limón
aceite de oliva
sal y pimienta negra molida

INGREDIENTES ESPECÍFICOS
1 kg de costillas de cordero lechal
1 puñado de dátiles
de judías verdes

- Se salpimientan las costillas de cordero y se ponen a dorar enteras en la paellera.
- Conforme queden pasadas, se irán retirando a un plato aparte, reservándose.
- En el mismo aceite de freír la carne se hace un sofrito con el pimiento verde y el ajo picado fino, añadiéndose más o menos a la mitad del mismo las judías verdes y finalmente el pimentón dulce, con cuidado de que no queme.
- A continuación se añade el tomate natural triturado y se sigue rehogando todo durante unos 5 minutos.
- Se incorpora el arroz y se mezclan bien todos los ingredientes durante por lo menos 3 minutos.
- Se añade el caldo de verduras y el zumo de medio limón, junto con el azafrán tostado, machacado y deslcído en un poco de caldo y se cuece de 12 a 15 minutos.
- A media cocción se integran los dátiles previamente deshuesados y al final de la misma se colocarán las costillas sobre el arroz.
- Se deja reposar durante unos 12 minutos y se pone la mitad de limón que nos sobró en el centro de la paella.

6 | Paella de piña y jamón

La piña, como las patatas, el tomate... —el tabaco—, procede de la América conquistada. Los españoles tenemos la honra de haber sido los primeros europeos en dar con ella, en la isla de Guadalupe.

Es una fruta tropical cuya visión nos hace viajar con la imaginación a cálidos paraísos —en realidad son tórridos, que es bien distinto—, como Hawai, Bahamas, las Antillas y otros igualmente sugerentes. Es jugosa, dulce, aromática, refrescante... dan ganas tanto de comerla como de beberla (¡ay, esa piña colada!). Pero pocas veces la encontraremos acompañada de don jamón en casa de doña paella. Alguno que otro gritará espantado, pero el que tenga paciencia y la pruebe sin prejuicios, no olvidará sus inigualables sabores cromáticos. Ya sabíamos de las bondades del melón con el jamón; ahora sabremos de las de la piña con el jamón en el gustativo ruedo de la paella.

INGREDIENTES BASE	INGREDIENTES ESPECÍFICOS
1 kg de arroz	*1 piña natural*
caldo de verduras	*400 g de jamón serrano*
1 cebolla grande	
1 vaso de Fino	
1 limón	
1 cucharadita de miel	
aceite de oliva, sal	

- Se pica la cebolla muy fina y se sofríe en la paellera con unas pizcas de sal hasta que esté bien pasada (transparente).
- Se añade el jamón cortado en pequeñas tiras finas de unos 2 cm, salteándose brevemente con cuidado de que no llegue a turrar.
- Se añade una cucharadita de miel (nunca más de 1 cucharadita, pues dejaría demasiado rastro de sabor dulce, estropeando la paella) y se remueve todo bien hasta que empiece a caramelizar.
- Se exprime directamente el zumo de un limón sobre la paella y, después de revolverlo todo bien, se añade el vaso de Fino, dejándolo pasar hasta que se evapore todo el líquido.
- Se incorpora el arroz y se rehoga todo unos 4 minutos.
- A continuación se añade el caldo de verduras, se comprueba de sal y se deja cocer de 12 a 15 minutos.
- 5 minutos antes de terminar la cocción del arroz se colocarán sobre la paella unas rodajas de piña troceadas según el gusto y el arte de cada uno.
- Finalmente, una vez retirada la paella del fuego, se decorará colocando en el centro el ramillete de hojas de la piña limpiamente cortado en rebanada.
- Se deja reposar unos 12 minutos y se sirve.

(Nota: téngase en cuenta que esta paella en ningún caso deberá llevar azafrán con objeto de permitir el realce del color amarillo de la piña sobre el arroz de color un poco crema.)

7 | Paella de salchichas blancas y rojas

Viendo la sencillez de esta paella no estaría de menos recordar aquel refrán que dice «de menos nos hizo Dios, que nos hizo de la nada», o aquel otro algo más irónico, «de menos hizo Dios a Cañete, que lo hizo de un puñete». Hay que tener coraje para invitar a alguien a una paella, presumiendo de ser gran maestro del tema, y apañárnoslas con un puñado de salchichas para dejarlo atónito.

Pero así es. Así son los resultados milagrosos de la combinación de estos frescos embutidos con un poco de ajo y cebolla. Quien no lo crea no tiene más que hacer la paella siguiendo los pasos que aquí se indican. Probablemente, será él el primero en quedar atónito. Se garantizan unos resultados óptimos de sabor y placer gustativo por un período de 25 años (hasta que las nuevas tendencias transgénicas hagan que se replantee todo lo que de cocina se sabe a fecha presente).

Con todo esto se quiere demostrar, una vez más, que la sencillez en gastronomía no está reñida con la excelencia, bien al contrario, ésta debería ser siempre lo más sencilla posible.

INGREDIENTES BASE	INGREDIENTES ESPECÍFICOS
1 kg de arroz	*10 salchichas frescas blancas y 10*
caldo de ave	*salchichas frescas rojas de buena*
2 cebollas	*calidad*
4 dientes de ajo	
1 ramillete de perejil	
1 vaso de vino blanco	
aceite de oliva, sal	

- Se pican muy finas las cebollas y los dientes de ajo y se sofríen en la paellera. A los 5 minutos se le incorpora el perejil picado también muy fino.
- A medio sofrito se añaden las salchichas enteras y se doran bien moviéndolas con bastante frecuencia.
- Se añade 1 vaso de vino blanco seco y se deja pasar todo hasta que se reduzca el líquido al menos tres cuartas partes.
- Se agrega el arroz y se revuelve a fondo con las salchichas y el sofrito.
- Se incorpora el caldo de ave, así como la sal necesaria y se cuece todo de 12 a 15 minutos.
- Finalmente se retira del fuego y se deja reposar unos 12 minutos, decorándose con una rama grande de perejil colocada en el centro de la paellera.

8 | Paella de magro de cerdo con olivas

Es curiosa la historia de la aceituna. Lo que hoy es sinónimo de aperitivo, antaño lo era de postre. Y es que antes, las aceitunas u olivas, como queramos llamarlas, se tomaban sólo de postre. Hasta había un dicho cuando un invitado llegaba tarde a una fiesta o una celebración: «llegar a las aceitunas», es decir, llegar tarde, cuando ya se había acabado de comer. La paulatina modernización de la cocina la ha ido adelantando hasta ponerla en la entrada misma de la comida o durante ella, en ensaladas, o combinada en algún que otro guisuelo. Hoy, «llegar a las aceitunas», lo entenderíamos más bien como ese incómodo invitado que se nos presenta un par de horas antes de que empiece la fiesta.

Curiosamente, también, las olivas siempre han tenido una negativa fama de indigestibilidad que encontramos reflejada en el refranero español, siendo quizás el más taxativo el que dice «aceituna, una». Pero hay más, «bromas y aceitunas, pocas o ninguna», «aceitunas una o dos, y si tomas muchas, válgate Dios» o aquel otro de «con aceitunas y pan caliente se muere la gente» o «aceituna una es oro, dos es plata y la tercera mata».

INGREDIENTES BASE	INGREDIENTES ESPECÍFICOS
1 kg de arroz	*1 kg de magro de cerdo*
caldo de carne	*olivas verdes sin hueso*
agua	*olivas negras*
2 tomates maduros naturales	*1 pimiento rojo*
1 pimiento verde grande	
2 ajos puerros	
1 cucharadita de pimentón dulce	
3 sobres de azafrán	
aceite de oliva, sal	

- Se corta el pimiento rojo en tiras largas, se fríe en la paellera con un puñadito de sal gorda y se reserva.
- En este mismo aceite se hace un sofrito con los dos ajos puerros (sólo la parte blanca) y el pimiento verde, picado todo ello fino.
- A medio sofrito se incorpora el magro de cerdo previamente salado y cortado en trozos cuadrados y se deja hacer con el resto del sofrito hasta que esté todo bien pasado (especialmente la cebolla y el pimiento verde).
- Se añade la cucharadita de pimentón dulce y se mueve sin parar para que no queme.

- Se añaden los 2 tomates maduros pelados, picados y sin pepitas y se deja sofreír todo hasta que vayan desapareciendo los trozos de tomate y se conviertan en salsa.
- Se echa agua hasta un poco menos de la mitad de la altura de los bornes interiores de las asas de la paellera y se deja cocer todo hasta que prácticamente se haya evaporado todo este caldo.
- Se incorpora caldo de carne caliente en doble cantidad y un poco más que el arroz que se va a usar y se deja cocer otros 15 minutos más, reponiéndose el líquido evaporado.
- Se echa el arroz junto con el azafrán tostado, machacado y desleído en un poco de caldo, se comprueba de sal y se cuece unos 15 minutos.
- 3 minutos antes de terminar la cocción se colocan las olivas verdes y negras clavándolas un poco en el arroz.
- Finalmente se decora con las tiras de pimiento rojo que teníamos reservadas y una piel de tomate en roseta y se deja reposar unos 12 minutos antes de servir.

9 | Paella de setas con jamón

Las paellas de setas pueden y deben hacerse con cualquier seta de temporada que podamos conseguir, teniendo en cuenta, en todo caso, que siempre se podrán hacer con setas de cultivo. Sí cabe distinguir, no obstante, entre setas y champiñones. Las paellas de este recetario que pidan setas no se las puede —o debe— sustituir por champiñones y viceversa, pues su consistencia, su tersura de carnes, su sabor, es realmente diferente.

En cuanto al prurito de usar setas auténticamente silvestres, sepamos todos que, en paella, no es estrictamente necesario. Bien diferente es tomarse unas setas a la plancha, en donde una cosa es la seta de cardo, otra la de brezo, la de orduña, la colmenilla, la perrechico... porque nos las vamos a ver a solas con ellas en el plato, cara a cara; y otra cosa bien distinta es la seta sumergida camaleónicamente en los sabores de un guiso de muchos ingredientes, de muchos sabores encontrados, en donde no la reconocerá ni la espora que la trajo al mundo.

Esta paella centra su original sabor en el sustancioso caldo que hemos preparado, tiene vida gracias a los generosos tropiezos de las setas y muestra su alegría con el sabor salado y proteínico del jamón.

INGREDIENTES BASE
1 kg de arroz
caldo de jamón con verduras
1 vaso de vino Fino
1 bote de tomate natural triturado
5 dientes de ajo
1 guindilla
ramas de perejil
1 cucharadita de pimentón dulce
3 sobres de azafrán
aceite de oliva, sal

INGREDIENTES ESPECÍFICOS
700 g de setas
300 g de jamón serrano

- Se limpian las setas con un trapo (nunca con agua), se trocean a mano de forma radial con respecto al pie dejando los trozos en forma de triángulos.
- El jamón serrano se corta en tiras estrechas algo gruesas de unos 3 cm de largo.
- En la paellera se pone a freír el ajo picado en fino, junto con la guindilla, y antes de que empiece a dorar se le incorporan las setas y una cucharada de perejil picado muy fino, rehogándose todo bien.
- Se añade el jamón y se sigue rehogando unos 2 o 3 minutos más con la adición en el último momento de la cucharadita de pimentón dulce, revolviéndose sin parar para que no queme.
- Se incorpora el vaso de Fino y se deja reducir casi en su totalidad.
- A continuación se agrega el tomate natural triturado y se mezcla bien unos 3 minutos.
- Se agrega el arroz y se rehoga todo a conciencia durante unos minutos.
- Se incorpora el caldo de verduras, junto con el azafrán tostado, machacado y desleído en un poco de éste, y se deja cocer todo de 12 a 15 minutos, comprobándose de sal (atención al aporte de sal del jamón).
- Se retira del fuego y se deja reposar unos 12 minutos, decorando la paella con una rama de perejil grande y hermosa.

(Nota: el pie de las setas se aprovechará en el caldo de verduras).

10 | Paella asturiana

La palabra sidra procede del latín *sicera*, que a su vez viene del hebreo *checar* (bebida embriagadora). Los romanos llamaban *sicera* a toda bebida fermentada que no fuera vino. La sidra, obtenida de la fermentación del jugo de las manzanas, se produce en muchos lugares de toda Europa, casi todos los países tienen la suya propia. En Asturias, se desconoce la antigüedad de ésta, su bebida nacional, si bien parece lo bastante remota como para que nadie se haya atrevido a situar sus orígenes. Los eruditos en la materia dicen tener constancia de que ya corría en la Edad Media por los montes y valles de Asturias, aunque no fue realmente hasta el siglo XIX cuando se empezó a *potar* como hoy lo hacemos.

En esta singular paella, deberá usarse exclusivamente sidra natural asturiana, nunca la champanizada, ni la vasca, ni otras de importación. Realmente se trata de una variante *sui géneris* de la valenciana, aromatizada con la sidra y rematada con la manzana, fruta que tiene una producción generosa y emblemática por todo el territorio astur. De este ingrediente sí se tiene constancia de su lejanísima procedencia, pues ya se tomaba, así al fresco, en el mismísimo Edén.

INGREDIENTES BASE
1 kg de arroz
1 botella de sidra natural asturiana
caldo de carne
1 bote de tomate natural triturado
4 dientes de ajo, 1 cebolla
1 pimiento verde grande
3 sobres de azafrán
1 cucharadita de pimentón picante
aceite de oliva, sal

INGREDIENTES ESPECÍFICOS
1 pollo
300 g arvejos (guisantes)
1 manzana
queso Cabrales (opcional)

- Se pican en fino los ajos, la cebolla y el pimiento verde y se sofríe todo junto en la paellera con unas pizcas de sal.
- A medio sofrito se le incorpora el pollo troceado al gusto y se deja hasta que dore un poco.
- Poco antes de terminar este sofrito se incorporan los arvejos (guisantes) y se sigue rehogando todo unos minutos, incorporándosele en el último momento una cucharadita de pimentón picante. Después se añade el tomate natural triturado y se mezcla todo bien durante unos 5 minutos.
- Se agrega la botella de sidra natural asturiana junto con el suficiente caldo de carne para alcanzar el doble y un poco más de líquido que del arroz que se va a usar, reponiéndose lo evaporado cuando se haga necesario con caldo, y se deja cocer todo aproximadamente media hora.
- Cuando la carne está blanda se añade el arroz junto con el azafrán, tostado, machacado y desleído en un poco de caldo y se deja cocer unos 15 minutos. Se comprueba de sal y rectifica en su caso.

- Se pela la manzana y se corta en rodajas finas dejando la forma en cada una de ellas de un cuarto de manzana. Opcionalmente, se pueden untar «muy ligeramente» con queso Cabrales desleído en sidra natural asturiana formando una suerte de paté de queso.
- En el momento de retirar la paellera del fuego (cuando el arroz ya está prácticamente seco), se decora con rodajas de manzana en los bordes de la paella y se forma una figura en el centro como un trisquel o un tetratrisquel, propios de la mitología asturiana, o de cualquier otra forma según el gusto y la creatividad de cada uno. Se deja reposar unos 12 minutos y se sirve.

11 | Paella de chorizos y morcilla

Si hay algo en cocina genuinamente hispano es el chorizo. Tan hispano es que los ingleses, por ejemplo, ni siquiera pudieron traducir debidamente el término a su lengua, llamándolo descriptivamente *Spanish sausage* (salchicha española).

El chorizo es el primer embutido a estudiar en todo tratado culinario al respecto. Hay tantas variedades que sería absurdo entrar en un análisis profundo a la hora de seleccionarlo para la paella. Sólo será conveniente buscar chorizos frescos y de buena calidad, porque el tan popular embutido se presta a un montón de fraudes de vendedores charlatanes. Y una cosa aún más importante, nunca conviene abusar de él; es pesado como la galena, indigesto como el líquido de frenos y dañino como una inyección de colesterol en sangre. Y de los auténticos «caseros» para qué hablar. Porquería la hay en todas las casas. Ojo, pues, con el carnicero, el amigo y el «entendido». En lo tocante a la morcilla todo esto tiene idéntica validez, pero con mayores reparos aún si cabe.

Un último consejo para esta paella, que si algo tiene de positivo es lo sabrosa que resulta: cómase sólo cuando se tenga mucha, muchísima hambre. Servida a alguien con poco apetito, podría convertirlo en un enemigo acérrimo de la paella y, especialmente, de la nuestra.

INGREDIENTES BASE	INGREDIENTES ESPECÍFICOS
1 kg de arroz	*2 chorizos criollos*
caldo de verduras	*2 chorizos rojos frescos*
2 tomates maduros	*2 morcillas frescas*
2 cebollas, 5 dientes de ajo	*remolacha en conserva*
3 sobres de azafrán	
1 ramita de perejil	
aceite de oliva, sal	

- En la paellera se fríen con unas gotas de aceite los chorizos criollos, los chorizos rojos y las morcillas, todo ello en piezas enteras. Conforme se van friendo las diferentes piezas y en función de su nivel de grasa y tamaño, se van retirando a un plato, reservándose. Lo que más tiempo llevará serán los criollos.
- Se tira gran parte de la grasa que ha quedado en la paellera dejando sólo una pátina aceitosa con un mínimo de profundidad en el centro.
- En esta sustancia se sofríe la cebolla y los dientes de ajo picado todo muy fino con unas pizcas de sal.
- Cuando el sofrito esté muy pasado se añaden los 2 tomates maduros pelados, troceados y sin pepitas, dejándose pasar hasta que formen una salsa.
- Se incorpora el arroz y se mezcla a conciencia, hasta que quede una masa rojiza homogénea.
- A continuación se añade el caldo de verduras, junto con el azafrán tostado, machacado y desleído en un poco de éste y se deja cocer de 12 a 15 minutos, comprobándose de sal.
- 5 minutos antes de terminar la cocción se disponen con cuidado los chorizos y las morcillas en forma radial sobre el arroz.
- Justo antes de retirar la paellera del fuego, se colocan varias rodajas de remolacha en conserva sobre los bordes, entre los chorizos y las morcillas.
- Se deja reposar unos 12 minutos y se sirve decorada con una ramita de perejil sembrada en medio de la paella.

12 | Paella de alitas de pollo y pimientos

Hasta no hace mucho, las alas se consideraban una de las partes pobres del pollo. Siempre quedaban para alguien que estaba febrilmente obsesionado con ellas o para aquella sufrida ama de casa que ejercía de escoba incluso en los platos comiendo hasta el último resto.

Aunque no todo el mundo lo sepa, hay que reconocer que fue la despreciada *fast food* la que atrajo la atención popular sobre estos miembros semiatrofiados del pollo. Un buen día, viendo que las alitas de pollo tenían un considerable número de seguidores inconfesos, unido a que salían muy económicas y a que se podían preparar muy rápido (*very fast*) con una simple fritura, alguien se iluminó y las lanzó al negocio del papeo embarcadas en una pensadísima campaña de marketing. Y la gente cayó, al fin, en la cuenta de que, las alitas, realmente, eran casi lo mejor del pollo.

En la paella, que no es precisamente *fast food*, aunque haya muchos restaurantes que la preparen como tal (¡y así les sale!), las alitas de pollo resultan deliciosas acompañadas de unos hermosos pimientillos verdes y rojos previamente fritos y espolvoreados con ese pícaro puñadito de sal gorda. Será una paella, sencilla y digna, aparte de deliciosa, siempre y cuando no la disfracemos de ensaladilla rusa poniéndole por encima unas tiras de pimiento morrón con la intención de ahorrar tiempo, o porque no disponemos de los debidos pimientos.

INGREDIENTES BASE
1 kg de arroz
caldo de ave
1 bote de tomate natural triturado
5 dientes de ajo
1 cucharadita de pimentón picante
3 sobres de azafrán
unas ramas de perejil
aceite de oliva, sal

INGREDIENTES ESPECÍFICOS
10 alitas de pollo
1 pimiento rojo grande
1 pimiento verde grande

- Se cortan los pimientos en tiras largas y se fríen en la paellera con aceite y un puñadito de sal gorda que se añade justo al final. Se retiran y se reservan.
- En el mismo aceite se fríen las alitas de pollo saladas y cortadas a la mitad por la articulación, desechando las puntas.
- Poco antes de que lleguen a dorar las alitas se añaden los dientes de ajo troceados en láminas, junto con una cucharadita de perejil picado muy fino y el pimentón picante al final con cuidado de que no queme.
- Se incorpora el arroz y se rehoga bien todo el conjunto.
- Se añade el tomate natural triturado, revolviéndose todo hasta conseguir que reduzca y forme una buena masa homogénea rojiza.
- Se agrega el caldo de ave junto con el azafrán tostado, machacado y desleído en un poco de éste, y se deja cocer de 12 a 15 minutos, comprobándose de sal.
- Al final se decora con las tiras de pimientos en forma radial alternando las rojas con las verdes.
- Se retira del fuego, se deja reposar unos 12 minutos y se sirve.

13 | Paella ciega de carnes

Las paellas ciegas son las que no llevan ni huesos, ni espinas, ni cáscaras, ni nada que impida zamparse el plato a cucharada limpia con los ojos cerrados, «a ciegas». En las de carne tan sólo habrá que deshuesarla, mientras que las de marisco y pescado llevarán una mayor laboriosidad al tener que retirar una a una, cáscaras, espinas, cabezas y todo lo que moleste o dificulte el muy elemental trabajo de la cuchara.

Aunque es difícil saber de dónde proceden estos tipos de arroces, muy poco conocidos realmente y bastante recientes, es probable que su origen esté en las preciosas Baleares. Parece ser que es más una concesión al turismo magmático y variopinto que asola las islas para evitarles cualquier posible esfuerzo, impedimento, traba o desilusión a la hora de comerse la paella, que por facilitar su ingesta a los ciegos (en clara minoría frente al número de turistas).

Sin embargo, no es una paella hereje, como lo son las terroríficas y antigastronómicas paellas mixtas que nacieron con la invasión del turismo en los parajes levantinos. En una paella ciega se pueden sacar los mismos rendimientos culinarios que en cualquier otra y, en algunos casos, su singularidad las hace motivo de halagos adicionales por parte de muchos comensales.

INGREDIENTES BASE	INGREDIENTES ESPECÍFICOS
1 kg de arroz	300 g de magro de cerdo
caldo de ave	1 pechuga de pavo
1 bote de tomate natural triturado	1 pechuga de pollo (entera)
1 vaso de vino blanco seco	6 salchichas frescas blancas
1 cebolla grande	1 pimiento rojo
1 ajo puerro	
1 cucharadita de pimentón dulce	
½ cucharadita de pimentón picante	
3 sobres de azafrán	
aceite de oliva	
sal y pimienta	

- Se corta el pimiento rojo en tiras largas, se fríe en la paellera con un puñadito de sal gorda añadido al final y se reserva.
- En el mismo aceite, se sofríe el magro de cerdo, previamente salpimentado.
- A medio sofrito se incorpora la cebolla y el ajo puerro (sólo la parte blanca) picado todo ello muy fino y se rehoga unos minutos.
- A continuación se añade la pechuga de pavo salpimentada cortada en taquitos cuadrados y se continúa con el sofrito hasta que estén un poco hechos.
- Se añade la pechuga de pollo, también salada, fileteada en aproximadamente 8 trozos, así como las salchichas frescas blancas y se deja pasar todo unos 5 minutos, añadiéndose al final las cucharaditas de pimentón dulce y picante y revolviendo sin parar para que no se queme.

- Se echa el vaso de vino blanco y se deja a fuego medio hasta que se reduzca prácticamente en su totalidad.
- Se incorpora el tomate natural triturado y se mezcla el conjunto a conciencia durante unos 5 minutos.
- Se agrega el caldo de ave y se deja hacer a fuego medio durante unos 20 minutos (orientándose por la dureza del magro de cerdo, que es la pieza más dura).
- Se pone el arroz, junto con el azafrán tostado, machacado y desleído en un poco de caldo y se cuece unos 15 minutos, comprobándose de sal.
- Se retira del fuego, se decora con las tiras de pimientos rojos y se sirve tras un período de reposo de 12 minutos.

14 | Paella blanca de conejo con coles de Bruselas

Dentro de las escasas clasificaciones que se pueden hacer de la paella, aparte de la inexcusable y tajante división *carne - pescado*, existe un grupo conocido como las «paellas blancas». ¿Y qué son? Pues sencillamente paellas que no llevan azafrán, ni pimentón, ni tomate, ni bebidas alcohólicas oscuras (vino tinto, jerez dulce, brandy...) ni ingrediente alguno que las pueda manchar u oscurecer. La idea es destacar los ingredientes específicos sobre el arroz, que presentará un aspecto brillante e inmaculado, casi como si se tratara de un arroz blanco, que para nada lo es.

El aspecto final exige una presentación con un fondo de arroz de color casi blanco impactado por los colores y formas de los demás ingredientes, como son en este caso los dorados trozos de conejo, las coles verdes y los gajos de naranja. Se persigue una buena impresión cromática, una paella original, limpia, delicada, y diferente.

El sabor del arroz, en cualquier caso, nunca será el de un arroz al natural, puesto que no olvidemos va cocido en un sustancioso caldo de carne.

Ingredientes base	Ingredientes específicos
1 kg de arroz	*1 conejo*
caldo de carne	*400 g de coles de Bruselas*
1 vaso de vino blanco	*8 gajos de naranja*
5 dientes de ajo	
1 limón	
una ramita de tomillo	
aceite de oliva, sal	

- Se corta el conejo en trozos pequeños (¡importante!), se sala y se fríe (sin olvidar los higadillos) en la paellera hasta que dore bien.
- Poco antes de llegar a conseguir el dorado del conejo se habrán añadido las coles de Bruselas, rehogándose unos 5 minutos.
- Al final de este sofrito, se incorpora el ajo picado muy fino y se sigue pasando sin que llegue a quemar (solamente debe dorar un poco).
- En el momento que el ajo haya obtenido ese cierto color dorado se incorpora un vaso abundante de vino blanco y se deja a fuego medio hasta que se evapore.
- Se añade el arroz y se rehoga a conciencia hasta que se hayan homogeneizado los sabores del conjunto de ingredientes que se encuentran en la paellera.
- Se echa el caldo de carne y el zumo de un limón exprimido directamente sobre el guiso y se cuece de 12 a 15 minutos, sin olvidarse de comprobar de sal.
- Unos 2 minutos antes de terminar la cocción, se colocan los gajos de naranja pelados en vivo, es decir, sin rastro de pulpa, en los bordes de la paellera y la ramita de tomillo en el centro.
- Se retira del fuego y tras un reposo de unos 12 minutos se sirve.

15 | Paella de conejo y champiñones

Antes que nada, y por quitar cierta aprehensión que atenaza a los habitantes de determinados países nórdicos, es conveniente destacar que, aunque emparentados con los roedores, los conejos no son propiamente tales, pues están clasificados en el orden de los lagomorfos (díganos o no nos diga nada este tecnicismo).

Superado este escollo psicológico, se puede decir con una amplia sonrisa en los labios que el mejor lugar conocido para terminar sus días un conejo es en la paella. Efectivamente, pocas carnes se hacen tan sublimes al paladar como las de este mamífero cuando se doran y cuecen entre las asas de nuestra paellera. Su carne es de una exquisitez tal que ni siquiera Alá ni Yahvé tuvieron la osadía de prohibirlos.

Aunque tampoco nos engañemos viendo su angelical aspecto. Su carne, si no se cuece como Dios manda, queda dura y se venga de sus verdugos dejando en ridículo al cocinero, que ve como van quedando numerosos trozos marginados en los platos de los comensales entre excusas a cuál más ridícula.

INGREDIENTES BASE
1 kg de arroz
caldo de carne
1 bote de tomate natural triturado
4 dientes de ajo, 1 cebolla grande
1 pimiento verde grande
1 rama de romero
1 vasito de brandy
1 cucharadita de pimentón dulce
½ cucharadita de pimentón picante
3 sobres de azafrán
aceite de oliva, sal

INGREDIENTES ESPECÍFICOS
1 conejo grande
500 g champiñones

- En la paellera con aceite se sofríe la cebolla, el pimiento verde y los dientes de ajo, todo ello picado fino, con unas pizcas de sal.
- A medio sofrito se añade el conejo troceado y salado, incluyendo los menudillos, y se sigue pasando todo unos 5 minutos o hasta que esté un poco dorado. En el último momento se añaden las cucharaditas de pimentón dulce y picante, revolviéndose con cuidado para que no queme.
- Se añade el vasito de brandy y se deja hacer todo, removiendo de vez en cuando, hasta que se reduzca el líquido.
- Se añaden los champiñones enteros o partidos a la mitad sin son muy grandes y se rehogan un poco (los champiñones se lavan con agua fría y limón para que no se oxiden).
- A continuación se agrega el bote de tomate natural triturado y se mezcla bien durante unos 5 minutos.
- Se añade caldo en doble cantidad y un poco más del arroz que se va utilizar y se deja pasar a fuego medio durante unos 30 minutos, reponiéndose el líquido que se vaya evaporando.
- Se incorpora el arroz y el azafrán tostado y desleído en un poco de caldo y se deja cocer unos 15 minutos, comprobándose de sal.
- Unos 5 minutos antes de terminar la cocción se coloca la rama de romero en el centro de la paellera.
- Se retira del fuego, se deja reposar unos 12 minutos y se sirve.

16 | Paella de costilla de cerdo con verduras

Cualquier «verdurita» —perdón por la tonta y peligrosa expresión— es buena compañía para una paella con costillas de cerdo. Es preciso aclarar lo de la peligrosidad de la «verdurita»: en cualquier restaurante en el que llamen a cuatro judías verdes y cuatro zanahorias «verduritas», podemos estar seguros de que vamos a pagar un recargo de al menos el quinientos por ciento sobre su justo valor. ¿Motivo? Alto refinamiento semántico, un nuevo atropello de la *nouvelle cuisine*. Si a este horror de palabra, que a veces confunde incluso con cereales, legumbres, etc., viene añadido *con aroma de...*, démonos por muertos.

En esta paella, clara y franca, sin diminutivos aumentativos de ninguna clase, se puede usar cualquier verdura, todas irán bien, pero la carne deberán ser las costillas del cerdo. Algunos se decantarán con recato por las verduras, mientras que otros se tirarán, como japoneses, a por la carne, que para eso es del buen cerdo. Ya lo dijo Jovellanos, «¿habrá otro animal que nos dé tanto?».

INGREDIENTES BASE	INGREDIENTES ESPECÍFICOS
1 kg de arroz	*1 kg de costilla de cerdo*
caldo de carne, agua	*200 g de judías verdes*
2 tomates maduros	*200 g de guisantes*
1 cebolla, 3 dientes de ajo	
1 ajo puerro, 1 pimiento verde	
1 zanahoria, 1 caña pequeña de apio	
1 vaso de vino blanco seco	
1 cucharadita de pimentón picante	
3 sobres de azafrán, 1 ramita de perejil	
aceite de oliva, sal y pimienta	

- En la paellera se prepara un sofrito con la cebolla, los dientes de ajo, el ajo puerro (sólo la parte blanca), el pimiento verde, la zanahoria y la pequeña caña de apio, picado todo ello muy fino y con unas pizcas de sal.
- A los dos minutos se le incorporan las costillas de cerdo, previamente salpimentadas, troceadas en un tamaño más bien pequeño y se deja hacer todo hasta que los vegetales estén casi pasados.
- Se añaden después las judías y los guisantes y se sigue sofriendo unos 10 minutos más, con la incorporación al final de la cucharadita de pimentón picante.Se agrega el vaso de vino blanco y se mantiene a fuego medio hasta que se evapore el líquido.
- Se incorporan los 2 tomates maduros pelados, picados y sin pepitas y se deja hacer todo hasta que el tomate se haya convertido en salsa.
- Se aporta caldo de carne hasta la mitad de la altura de los bornes interiores de las asas de la paellera y se deja el tiempo necesario para que prácticamente se haya evaporado.
- Se echa el arroz y se mezcla hasta que éste consiga absorber bien los sabores del guiso (unos 3 minutos por lo menos, revolviendo continuamente).
- Finalmente se aporta agua hirviendo en doble cantidad y un poco más de la del arroz con el azafrán tostado, machacado y desleído en un poco de agua, se comprueba de sal y se cuece de 12 a 15 minutos.
- Se retira del fuego, se deja reposar como mínimo 12 minutos y se sirve decorado con la rama de perejil.

17 | Paella de verduras con virutas de jamón

Los franceses presumen —son muy presumidos para ciertas cosas— de haber sido los inventores del jamón salado, la pierna del cerdo curada por la acción de la sal. Aseguran que fue en las tierras de Asterix donde se dio con el invento y que los ro manos, que asediaban sus aldeas, *hasta a la más irreductible*, llevaron este manjar pernil a las cocinas del imperio. Sin embargo, parece más cierto que lo que éstos descubrieron fueron las delicias del jabalí, y, si no, que se le pregunten a Obelix.

El jamón serrano, denominación genérica con la que se conoce el jamón curado para distinguirlo del cocido, debe ser reivindicado con la misma fuerza que los países reivindican ciertos territorios patrios conquistados por otros.

Aclarada esta confusión histórica, diremos que el jamón, siempre el nuestro, puede venir muy bien cortado en virutas para alegrar determinados platos, una paella de verduras, por ejemplo. Estos breves tropiezos salados animan con una gran elegancia los platos más desabridos. Su delicadeza es tal que se pueden «colar» hasta con algún que otro pescadillo, normalmente reacio a los sabores carnívoros de tierra (piénsese, por ejemplo, en las truchas, el salmón y otros).

Esta receta, que tiene una gracia innegable, podría considerarse como un arroz *amenestrado*, pues nos deja ciertas reminiscencias a esas sabrosas menestra hechas con una buena selección de hortalizas rehogadas con un poco de jamón. Y para saber la calidad de éste, fiémonos del refrán que dice que «el jamón y el melón, por el olor son».

INGREDIENTES BASE	INGREDIENTES ESPECÍFICOS
1 kg de arroz	*Varias verduras de temporada*
caldo de verduras	*troceadas*
3 tomates maduros	*(zanahorias, coliflor, coles de*
4 dientes de ajo	*Bruselas, judías verdes, guisantes,*
1 vasito de brandy, 1 limón	*alcachofas, etc.)*
1 cucharadita de pimentón dulce	*Virutas de jamón serrano*
½ cucharadita de pimentón picante	
3 sobres de azafrán	
aceite de oliva, sal	

- Se cuecen por separado las verduras sin que se hagan por completo.
- En la paellera se sofríe el ajo y cuando empieza a dorar se le incorpora el jamón junto con el pimentón dulce y picante sin de-

jar de revolver en ningún momento. Se añaden las verduras y se saltean.

- A continuación se agrega el vasito de brandy y se deja a fuego medio hasta que se evapore.
- Se añaden los tomates pelados y troceados rehogándose con el resto
- de ingredientes unos 10 o 15 minutos.
- Se incorpora el arroz dándole vueltas sin parar hasta que esté completa y uniformemente mezclado con el conjunto de las verduras y el jamón y haya cogido buena parte del sabor de todo ello (por lo menos 3 minutos).
- Se agrega el caldo de verduras junto con el azafrán tostado, machacado y desleído en un poco de éste y se deja cocer de 12 a 15 minutos, comprobándose de sal. A media cocción se exprime el limón directamente sobre la paella.
- Se retira del fuego, se deja reposar unos 12 minutos y se sirve.

18 | Paella falsa de pollo con guisantes

¿Existen realmente paellas falsas o son todas falsas, a excepción de la «Paella Valenciana»? Pues la verdad es que, seguramente, son ciertas las dos posibilidades. Todo depende del cristal con que se mire. Hay quien piensa que todas las paellas son falsas salvo la Valenciana (auténtica), puesto que de allí es, así la hicieron y no de otra forma; y hay quien considera que puede haber mil paellas,

pero que alguna puede ser falsa —no ser paella realmente— porque, aunque se hubieran hecho en paella, o en paellera, no cumplen con la normativa básica *paellística* más o menos reconocida; no digamos ya el triste eufemismo que se da en todo el norte de España, llamando paella a cualquier arroz con cualquier cosa, cuya única condición es que sea de color amarillo, cocinado en cualquier tipo de recipiente, alto, bajo, hondo, llano, pequeño o grande (¿qué más les da?).

A nuestro entender, la receta que aquí se expone es una «paella falsa», más que nada por su pobreza de espíritu. Unas pastillas de Avecrem, un poco de colorante alimentario, una lata de guisantes y una lata de pimientos morrones (igual que una ensaladilla rusa, vaya).

Sin embargo, y es el motivo por el que aquí se expone lo que tanto se critica, en buenas manos puede sorprender a más de uno. Sólo un consejo, o mejor, una advertencia: por muy falsa que sea, por muy escasos que estemos de materia prima, hágase siempre en paellera. Si la hiciéramos en una simple y vulgar pota, ya no podríamos hablar ni de paella falsa, hablaríamos de *arroz con*... ¡Seamos honestos y llamemos a las cosas por su nombre, caramba!

INGREDIENTES BASE
1 kg de arroz
agua
3 cubitos de caldo concentrado de carne
4 dientes de ajo
colorante alimentario
aceite de oliva, sal

INGREDIENTES ESPECÍFICOS
1 pollo
1 lata de guisantes
1 lata de pimientos morrones

- Se pican los dientes de ajo, se adoba con ellos y con sal el pollo troceado y se ponen a sofreír en la paellera.
- Cuando la carne esté bastante pasada (recordemos: ¡en trozos pequeños!) se incorpora el arroz y se rehoga con el resto de ingredientes por lo menos 5 minutos.
- Se agrega el agua caliente, los cubitos de caldo concentrado de carne, la lata de guisantes, se espolvorea con el colorante alimentario y se deja cocer unos 15 minutos, comprobándose de sal (con cuidado, porque el concentrado de carne ya suele llevar bastante).
- Se retira del fuego, se decora con la lata de pimientos morrones cortados en tiras y se deja reposar 5 minutos tapada con hojas de periódico.

19 | Paella ibérica

Más famoso aún que el macho ibérico es —o debería ser— el «cerdo ibérico». Ya en el siglo XVI se distinguía entre dos razas porcinas: una de cerdos bajos, achaparrados y holgazanes, con el lomo arqueado y con una innata necesidad de cebamiento cuyo destino era casi exclusivamente obtener manteca; y otra más estilizada, de color oscuro y con la pata negra (sello de calidad por los siglos), que se criaba en estado semisalvaje en algunas zonas del sur y el centro de España a base de bellotas, lo cual le proporcionaba unos jamones enjutos y una carne de una textura y paladar excepcionales.

Con los años llegó hasta nuestros días en un excelente estado de conservación, salvo en el precio, que ha acumulado de sopetón la inflación de más de cuatro siglos. Hoy es la «piedra filosofal» de las carnes curadas.

Arrojarlo así, por las buenas, a las turbulencias arroceras de una paella podría parecer un sacrilegio, salvo y sólo con la salvedad de hacerlo con la delicadeza que se indica en esta receta (deberíamos ponernos guantes blancos para realizar esta operación).

No caigamos en la tentación de *a falta de pan...* y pongamos otro embutido, ni siquiera otro tipo de jamón, aunque sea de buena calidad. Los resultados alquímicos de esta paella no serían los mismos, ¡ni mucho menos!

INGREDIENTES BASE	INGREDIENTES ESPECÍFICOS
1 kg de arroz	*200 g de jamón de bellota (aprox.)*
caldo de jamón y verduras	*200 g de guisantes congelados*
1 bote de tomate natural triturado	*1 pimiento rojo*
3 dientes de ajo	
2 pimientos verdes	
1 cucharadita de pimentón picante	
3 sobres de azafrán	
aceite de oliva, sal	

- El jamón de bellota se corta en lonchas muy finas y largas de 1 cm de ancho.
- Se pone aceite en la paellera y se fríe el pimiento rojo cortado en tiras alargadas con unas pizcas de sal.
- Se retiran los pimientos, se reservan, y en el mismo aceite se sofríen los dientes de ajo y los 2 pimientos verdes picado todo ello muy fino.
- Cuando el sofrito esté bien hecho, se añade el arroz y se revuelve bien hasta conseguir el punto de arena (que alcance un grado de sofrito en el que al meter una cuchara en el arroz suene como si se metiera en arena). En el último momento se añade la cucharadita de pimentón picante (generosa) y se revuelve continuamente para que no queme.
- Se agrega el bote de tomate natural triturado y se pasa todo unos cinco minutos, hasta conseguir una masa rojiza homogénea.
- Se incorpora el caldo de jamón con verduras, junto con el azafrán tostado, machacado y desleído en un poco de éste y los guisantes, y se deja cocer de 12 a 15 minutos, comprobándose de sal.
- Justo en el momento antes de retirar la paellera del fuego, se decora con sumo cuidado con las tiras de jamón de bellota y las tiras de pimiento rojo (alternándolas) en forma radial.
- Se deja reposar al menos 12 minutos y se sirve.

20 | Paella del cazador

La caza fue una de las primeras y más emocionantes actividades de supervivencia que practicó el hombre cuando aún estaba *en pieles*. Con el tiempo y el progreso, para no prescindir de tanta emoción, la caza se convirtió en un deporte. En gastronomía se entiende por caza los animales comestibles que viven en estado salvaje. Para clasificar de alguna forma el gran número de viandas que agrupa esta definición, la caza se divide, por un lado, en caza de pelo (conejo, liebre, ciervo, gamo, jabalí, etc.) y caza de pluma (pato, perdiz, codorniz, faisán, etc.); y por otro en caza mayor y caza menor, es decir, jabalís, rebecos ciervos y otros de similar tamaño, por un lado, y los más pequeños por el otro.

Es innegable que, por el tipo de vida y alimentación que llevan los animales en estado salvaje, su carne es mucho más sabrosa y menos grasa que la de los animales de cría en cautiverio. Pero como la cocina venatoria, está reservada para unos pocos y en determinadas épocas del año, ateniéndose a las correspondientes vedas, el buen hacer del hombre, en este caso, ha popularizado su comercialización adaptando algunas especies a la vida en un tipo de granjas en donde pueden reproducirse y vivir en un estado semisalvaje. No es lo mismo, en efecto, pero creemos que vale de sobra para nuestros fines paelleros.

Unos tordos y un conejo valen para hacer una paella cazadora, pero valdrían cualesquiera otros, siempre que se traten como es debido atendiendo a sus tiempos de cocción, tema éste siempre delicado cuando hablamos de presas de caza.

INGREDIENTES BASE	INGREDIENTES ESPECÍFICOS
1 kg de arroz	4 tordos
caldo de verduras	½ conejo de monte
agua	300 g de judías verdes
1 pimiento verde	
2 dientes de ajo	
2 tomates maduros	
1 vaso de brandy	
3 sobres de azafrán	
aceite de oliva, sal	

- Se parten en trozos de tamaños similares los tordos y el conejo, se salan y se ponen a freír con aceite en la paellera.
- A los 5 minutos se les agrega el pimiento verde picado en fino y se sigue pasando todo hasta que dore un poco la carne.

- Se echa entonces el vaso de brandy y se deja hasta evaporarse (unos 7 minutos, dependiendo del fuego a que se haga).
- Se agregan los tomates pelados y se sigue rehogando cinco minutos; se incorporan las judías verdes y se continúa otros 5 minutos.
- Se aporta caldo de verduras hasta la mitad de la altura de los bornes de las asas de la paellera y se deja cocer a fuego medio hasta que prácticamente se haya evaporado, cosa que puede tardar unos 20 o 25 minutos.
- Se añade ahora el arroz y se mezcla bien con todos los ingredientes durante unos 3 minutos.
- Se agrega agua muy caliente en doble cantidad y un poco más que la de arroz, junto con el azafrán tostado, machacado y desleído en un poco de caldo, así como los 2 ajos majados con un poco de sal en el mortero y se deja cocer de 12 a 15 minutos, comprobándose de sal.
- Se retira del fuego, se deja reposar 12 minutos y se sirve.

21 | Paella de cinta de lomo con pasas

En gastronomía, «cinta» tiene tres posibles significados. Cinta, entendida como cierto pez marino alargado y plano, de color rojizo que vive en aguas profundas y se consume normalmente frito; cinta, como pasta alimenticia parecida a los tallarines (cortada en forma de cinta); y cinta de lomo, que es el lomo del cerdo completamente limpio. Curiosamente, el Diccionario de la Real Academia Española, no le encuentra ningún sentido culinario en las 23 acepciones que ofrece de la palabra.

En este plato juega un papel decisivo el macerado de la carne que, combinado con las pasas, creará una paella con un sabor un poco dulce. Nunca dejará de sorprendernos el inesperado, cálido y delicioso resultado del maridaje de las frutas pasas con el arroz. Los árabes, sin embargo, lo conocen muy bien desde hace siglos. La cinta de lomo, al ser una carne magra y blanda, contribuirá a reforzar la impresión de suavidad de la paella.

INGREDIENTES BASE
1 kg de arroz
caldo de jamón y verduras
4 dientes de ajo, orégano
vino blanco seco
1 vaso de brandy
1 bote de tomate natural triturado
1 cucharadita de pimentón dulce
½ cucharadita de pimentón picante
1 limón, 3 sobres de azafrán
aceite de oliva, sal

INGREDIENTES ESPECÍFICOS
1 kg de cinta de lomo
300 g de frutas pasas variadas
(ciruelas pasas, orejones, pasas de
Esmirna, etc.)

- En el mortero se prepara un adobo con 1 cucharadita de pimentón dulce, ½ cucharadita de pimentón picante, media cucharada de orégano, 4 dientes de ajo picados en fino, un chorrito de vino blanco y un puñadito de sal gorda.
- Se corta la cinta de lomo en tacos de unos 2 cm y se deja adobando con el preparado anterior por lo menos un par de horas.
- Una vez escurrido, en la paellera con aceite se saltea el lomo adobado durante aproximadamente 1 minuto.
- Se le echa el vaso de brandy y se sigue removiendo con brío hasta que éste quede reducido al menos en sus tres cuartas partes.
- Se agregan las pasas y se sigue salteando 1 o 2 minutos más.
- Se añade el tomate natural triturado y se deja hacer unos 4 minutos.
- Se incorpora el arroz, removiendo sin parar hasta obtener una masa uniforme rojiza que haya absorbido los sabores creados, los cuales serán algo dulces.
- Finalmente añadimos el caldo, el azafrán tostado, machacado y desleído en un poco de éste, el zumo de medio limón y lo de dejamos cocer de 12 a 15 minutos, comprobando de sal.
- Se retira del fuego, se deja reposar por lo menos 12 minutos y se sirve.

22 | Paella de lengua de vaca y cecina

La lengua se conoce en cocina con el feo término de 'despojo'. No cabe duda que es una palabra que habría que cambiar en tiempos tan modernos como éstos para hablar de alimentos que gozan de una aprobación importante.

Con esta palabra, fea, como decíamos, se engloban los órganos y otras partes de los animales que no tienen la consideración puritana de «carne» en el matadero. Culinariamente se clasifican en despojos blancos, que incluyen el estómago, manos, mollejas, criadillas, tuétano y sesos; y despojos rojos, hígado, morros, riñones, corazón y lengua, probablemente lo más exquisito de la clasificación y protagonista de esta paella para gente de paladar firme. (Los despojos, si son de ave, se conocen con el nombre genérico de «menudillos»).

Hay infinidad de formas de preparar platos con lengua de ternera o de vaca, a cuál más suculento: a la vinagreta historiada, a la Tolosana, Villeroi, rebozada, estofada... Pero será realmente difícil encontrarla en paella: una barrera más que cae aquí en el universo arrocero. Su compañera de viaje, la cecina, no es menos importante, especialmente si procede de tierras leonesas y con más tronío aún, si además es de la zona de Lillo, en donde se encuentra la ganadería de la familia propietaria nada menos que de los renombrados Vega Sicilia.

INGREDIENTES BASE	INGREDIENTES ESPECÍFICOS
1 kg de arroz	*1 kg de lengua de vaca*
caldo de carne	*(de la parte de la punta)*
1 bote de tomate natural triturado	*150 g de cecina de vacuno en lonchas*
2 pimientos verdes, 4 dientes de ajo	*muy finas*
1 cucharadita de pimentón dulce	
½ cucharadita de pimentón picante	
1 vaso de vino rosado seco	
aceite de oliva, agua, sal	

- Se limpia bien la lengua de vaca eliminado todos los nervios, se pela quitándole la piel gruesa que tiene, se corta en dados pequeños y se deja a remojo en agua fría durante toda la noche. Deberá escogerse la parte de la punta de la lengua.
- En la paellera con aceite se sofríen los pimientos verdes y el ajo picado todo finamente con unas pizcas de sal.
- Una vez pasado el sofrito se añaden las cucharaditas de pimentón dulce y picante, bajando el fuego y revolviendo sin parar para que no queme.
- Después de un minuto aproximadamente se incorpora el vaso de vino rosado, dejándolo reducir por lo menos en sus tres cuartas partes.
- Se echa el tomate natural triturado y se deja hacer 3 o 4 minutos, tras lo cual añadimos la lengua de vaca troceada.
- Se saltea un poco la carne y la cubrimos con agua para que se guise durante al menos una hora y media o dos. Por ser una cocción tan larga, habrá que reponer agua en gran cantidad gradualmente.
- Cuando la lengua haya perdido su fibra y habiendo dejado reducir el agua al final casi completamente echaremos el caldo de carne en doble cantidad y un poco más del arroz que vamos a usar.
- En el momento en que rompa a hervir nuevamente, se incorpora el arroz y se cuece unos 15 minutos, comprobando de sal.
- Un minuto antes de terminar la cocción se disponen las lonchas de cecina (cortadas muy finas) sobre la paella para que absorban los aromas del guiso y a su vez dejen caer su sabor sobre el arroz.

23 | Paella de pollo y judías verdes

Del pollo se podría estar hablando días, pero no estaría de más recordar que no hace tantos años sólo se comía pollo los domingos y fiestas de guardar. Antes del humanitario invento de la avicultura, el pollo era un animal «de corral». Vivía en los patios, antojanas y gallineros de las casas de aldea. Crecía len tamente, viviendo a lo grande con todo lo que sobraba en casa más algún que otro pienso y tardaba casi ocho meses en llegar a pesar un kilo. Como resultado, su carne era, y lo es, cuando se cría así, excelente, deliciosa, ambrosiaca.

El pollo de granja, mucho más humilde y plebeyo, es, por otra parte, mucho más asequible y rentable. En tan solo dos meses llega a pesar en canal entre kilo y kilo y medio. Su consumo es tan popular, tan del pueblo llano, que es un factor decisivo a la hora de calcular el IPC. Cuando sube el pollo, sube la vida.

No faltará quien nos hable de los males de la carne del «pollo atormentado», pero aún habrá más que hablar de los niños atormentados que mueren de hambre cada segundo en nuestra globalizada civilización. Así que, seamos un poco más honestos con nosotros mismos y recordemos hambrunas no tan pretéritas.

Esta receta es tan sencilla como el mismo pollo de granja y, tal vez por su misma sencillez, sea una de las paellas más indicadas para compartir con los mejores amigos.

INGREDIENTES BASE	INGREDIENTES ESPECÍFICOS
1 kg de arroz	*1 pollo*
agua	*½ kg de judías verdes*
2 tomates maduros medios	
3 dientes de ajo	
1 pimiento verde	
1 cucharadita de pimentón dulce	
½ cucharadita de pimentón picante	
1 o 2 guindillas, 2 limones	
1 ramita de romero	
3 sobres de azafrán	
3 cubitos de concentrado de carne	
aceite de oliva, sal	

- Se corta el pollo en trozos pequeños y se pone a dorar en la paellera con aceite.
- Cuando esté dorado se le incorporan las judías verdes, los 2 tomates maduros troceados en vasto sin pelar y el pimiento verde picado no muy fino, dejándose pasar todo a fuego medio unos 10 minutos.
- Se añade el pimentón dulce y el picante sin dejar de revolver para que no se queme.
- Tras un par de minutos se agrega agua en doble cantidad y un poco más de la que se va a usar de arroz, junto con el azafrán en hebra,

sal, los cubitos de concentrado de carne y los ajos previamente machacados en el mortero con un poco de sal, dejándose a fuego medio bajo unos 20 minutos o hasta que esté blanda la carne.

- Se incorpora el arroz y se deja cocer todo unos 15 minutos, agregándosele la guindilla o las dos guindillas (según la temeridad de cada uno) y, casi al final, el zumo de 2 limones pequeños exprimidos directamente sobre la paella.
- Unos 5 minutos antes de terminar la cocción se coloca la ramita de romero en medio de la paella, quitándose después al sacarla del fuego.
- Se retira del fuego, se deja reposar 12 minutos y se sirve.

24 | Paella de codornices con coles de Bruselas

Las codornices son unas pequeñas gallináceas de la familia de los faisanes estrechamente emparentadas con las perdices. Las silvestres son aves de paso en España desde la primavera hasta finalizar el otoño. Las de cría las encontraremos, naturalmente, todo el año, aunque con una carne bastante menos sabrosa, como pasa siempre en estos casos.

No miden más de allá de los 20 o 25 cm y, aunque parecen poca cosa, no lo son por dos razones de peso. Por una parte son unas aves extremadamente útiles para la agricultura, puesto que no comen la cosecha, sino los insectos y las malas hierbas, librándolas de los nocivos efectos que éstos provocan. Y por otro, forman una simbiosis perfecta con el arroz en cualquiera de sus modalidades. Y todavía se les podría añadir otra cualidad, valiosa para muchos: se considera una de las piezas de caza con perro más interesante por exigir la máxima pericia en su captura. En la paella ambos simbiontes, codorniz y arroz, junto con cualquier verdura que se les agregue, sacan un provecho mutuo notabilísimo.

INGREDIENTES BASE	INGREDIENTES ESPECÍFICOS
1 kg de arroz	*4 codornices*
caldo de ave	*300 g de coles de Bruselas*
1 bote de tomate natural triturado	*100 g de judías verdes*
1 ajo puerro	
1 pimiento verde grande	
½ cebolla	
1 cucharadita de pimentón picante	
3 sobres de azafrán	
unas ramas de perejil	
aceite de oliva, sal	

- Se limpian y se cortan las codornices en cuatro trozos cada una (en cruz) y se salan.
- Se hace un sofrito en la paellera con el ajo puerro (sólo la parte blanca), la cebolla y el pimiento verde, bien picado todo ello y unas pizcas de sal.
- A medio sofrito se incorporan las codornices troceadas y se rehogan bien, añadiéndose al final una cucharadita de pimentón picante sin parar de revolver para que no queme.
- Al poco, se añaden las coles de Bruselas y las judías verdes y se sofríe bien todo junto. Se añade el bote de tomate natural triturado y se sigue rehogando unos 5 minutos.
- Se incorpora el caldo de ave en doble cantidad y un poco más que el arroz que se va usar y se deja cocer aproximadamente 10 minutos (hasta que las codornices estén blandas, pero no desechas), reponiéndose el líquido evaporado.
- Se añade el arroz junto con el azafrán tostado, machacado y desleído en un poco de caldo, se comprueba de sal y se deja cocer unos 15 minutos.
- Se deja reposar unos 12 minutos y se sirve adornando la paella con varias ramas de perejil pequeñas incrustadas en el arroz por el borde de la paellera.

25 | Paella tres aves

No cabe duda que la carne que mejor maridaje presenta con el arroz en paella es la de las aves, cualquiera de ellas. En honor a esto, parece necesario reunir en una paella, al menos una vez, a tres aves para sacar el máximo rendimiento a dicho maridaje.

Para la ocasión, hemos elegido tres aves finas, elegantes y definitivamente sabrosas: los picantones, ese tipo de gallo pequeño que nada tiene que ver con supuestos picores de paladar; las perdices, símbolo culinario de la felicidad y las siempre sabrosas y delicadas codornices. No obstante, la receta queda abierta a cualquier otra que se precie o se disponga, desde el eterno pollo hasta exquisiteces del tipo faisán.

La clave de esta paella radica *no más* —como decía el gran Cantinflas— en saber dorar en su justo orden y medida las diferentes aves atendiendo a sus necesidades de cocción. Para este caso, empezaremos por las perdices que, aunque bastante tiernas, necesitan más tiempo que las codornices y los picantes. Seguiremos después, siempre atentos a la marcha del frito, con las codornices y dejaremos para el final la frágil carne de los picantones.

Para los aromas, recrearemos un elemento tradicional de la coctelería: el Grand Marnier, una bebida elaborada con licor de coñac y aromas de naranja. Visto esto, podríamos llamar a tan espléndido plato «paella tres aves Grand Marnier», pero lo dejaremos al libre albedrío según la pompa y boato que quiera darle cada uno.

INGREDIENTES BASE	INGREDIENTES ESPECÍFICOS
1 kg de arroz	*2 picantones*
caldo de ave	*2 perdices*
4 dientes de ajo	*2 codornices*
1 cucharadita de pimentón dulce	
1 vaso de zumo de naranja	
1 vaso de coñac	
3 sobres de azafrán	
aceite de oliva	
sal y pimienta	

- Se cortan las tres aves en trozos medianos de tamaños parecidos y se salpimientan.
- En la paellera con aceite se ponen a dorar las piezas de ave, incorporándolas progresivamente por este orden, atendiendo a su dureza: primero las perdices, después las codornices y, por último, los picantones.
- Cuando están todas las piezas doradas se añaden los dientes de ajo picados y se dejan unos pocos minutos hasta que éstos empiecen a dorar.
- Se agrega la cucharadita de pimentón dulce revolviendo sin parar para que no queme.
- A continuación se añade el vaso de coñac y se deja reducir casi por completo, momento en el que se echa el vaso de zumo de naranja.
- Tras un par de minutos a fuego fuerte se incorpora el caldo de ave y se deja que cueza la carne durante unos 10 minutos.
- Se aporta el arroz junto con el azafrán tostado, machacado y desleído en un poco de caldo y se cuece unos 15 minutos, comprobándose de sal.
- Se retira del fuego, se deja reposar unos 12 minutos y se sirve.

26 | Paella de jamoncitos de pavo

El pavo, así a secas, o «gallo de Indias», como se le conocía en un principio, es americano, mientras que el pavo real es, por extraño que parezca, oriundo de la India, en donde algunas castas lo consideran un animal sagrado (aquí sólo es sagrado en los parques y jardines de las ciudades).

El pavo a secas, que es el que interesa aquí, lo introdujeron en Europa los conquistadores españoles en el siglo XVI. Es una imponente ave galliforme polígama —¡faltaría más!— que durante la época de apareamiento resalta por la peculiar característica de las feroces luchas de los machos por conquistar a las hembras, de ahí el uso figurado de su nombre. Después de la época de reproducción, los machos y las hembras se separan muy civilizadamente, quedándose éstas en pequeñas bandadas de amigas que ya sólo se dedican a criar sus polluelos.

Cuando se cocina entero, normalmente asado al horno, el pavo es un alimento muy relacionado con las grandes fiestas de periodicidad anual. En Estados Unidos no faltará en toda mesa que se precie en el Día de Acción de Gracias, mientras que en Europa se servirá tradicionalmente el día de Navidad. El resto del año se consume más bien despiezado, muslos, pechugas... o, también, en embutido.

Esta paella se hace con los poderosos muslos del ave cortados en una especie de pequeños *ossobucos* que resultarán especialmente sabrosos con el arroz y las verduras.

INGREDIENTES BASE	INGREDIENTES ESPECÍFICOS
1 kg de arroz	*4 jamoncitos de pavo*
caldo de ave	*300 g de judías verdes*
2 tomates maduros	*300 g de alcachofas*
4 dientes de ajo	
1 pimiento verde, 1 cebolla	
1 cucharadita de pimentón dulce	
3 sobres de azafrán	
unas ramitas de perejil	
aceite de oliva, sal	

- Al comprar los jamoncitos de pavo en la carnicería se pide que se corten en 4 o 5 trozos transversales, de manera que queden en forma de rodajas con el hueso limpiamente seccionado, sin astillitas.
- Se salan y se doran en la paellera con aceite dándoles la vuelta de vez en cuando.

- A los cinco minutos aproximadamente, se les incorpora el pimiento verde, la cebolla y los dientes de ajo picado todo ello en fino con unas pizcas de sal, dejándose pasar otros 10 minutos y agregándose en el último momento la cucharadita de pimentón dulce.
- A continuación se añaden las judías verdes con las alcachofas peladas, despuntadas y limpias (el corazón, propiamente dicho), así como el tomate pelado y troceado, y se deja a fuego medio unos 15 minutos más.
- Se agrega el caldo de ave y se mantiene a fuego medio unos 30 minutos (hasta que la carne de pavo esté blanda).
- Finalmente se echa el arroz con el azafrán tostado, machacado y desleído en un poco de caldo y se deja cocer unos 15 minutos, comprobándose de sal.
- Se deja reposar no menos de 12 minutos y se sirve decorado con 3 ramitas de perejil sembradas en el arroz, según la creatividad de cada uno.

27 | Paella de cerdo con setas y pasas

George Orwell escribió allá por el año 1943 una obra que con el tiempo llegó a ser celebérrima: *Rebelión en la granja*. Con esta obra, Orwell pretendía satirizar de una forma amarga el régimen soviético, como también hizo con su no menos conocida novela *1984*. El argumento consiste en que los animales de una granja, hartos de la tiranía humana, se rebelan contra sus dueños, consiguiendo vencerlos, todo ello en un ambiente de «realismo mágico» muy bien elaborado. Pero en breve, los propios problemas de la ambición y las rivalidades de los hombres, surgen entre los mismos animales, haciendo fracasar el sueño de su revolución.

Lo que viene al caso aquí de esta fábula es que las riendas de la revuelta animalesca la toman desde el primer momento, precisamente, los cerdos; los animales, en realidad, más inteligentes que habitan las granjas (no hay más que ver la vida que se dan).

En esta paella, como en tantas otras gobernadas por la carne de cerdo, su presencia es egocéntrica y dictatorial. Hace que sea suya y que todos los demás ingredientes estén sometidos a su sabor y expresividad culinaria. A nosotros, y probablemente al mismo Orwell también, si algún día hubiera podido probar este plato, no nos cabe duda de que el mejor amigo de la paella es el cerdo.

- Se corta el magro de cerdo en trozos pequeños, se sala y se pone a dorar en la paellera, se le añade el ajo puerro y la cebolla picado en fino y se deja hacer todo a fuego lento hasta que esté bien pasado en su conjunto.
- Se limpian las setas con un paño (nunca con agua) y se añaden cortadas a mano en trozos más bien grandes junto con una cucharada de perejil picado muy fino.
- Se saltea unos minutos el conjunto de ingredientes y se añade el pimentón dulce, revolviendo sin parar para que no queme y mezcle bien con todos los ingredientes
- Se aporta el vaso de brandy (abundante), dejándolo hasta que se reduzca prácticamente en su totalidad.
- Se incorpora el arroz y se sigue revolviendo el conjunto hasta uniformarlo.
- Se agrega el caldo de carne, junto con el azafrán tostado, machacado y desleído en un poco de caldo y se cuece de 12 a 15 minutos, comprobándose de sal.
- Al final de la cocción, cuando faltan unos 3 minutos para terminar, se espolvorean las pasas (de las que se disponga) en la cantidad que se desee, según el gusto de cada uno, hundiéndolas un poco en el arroz, especialmente las más grandes.
- Se retira la paella del fuego, se deja reposar 12 minutos y se sirve.

(Nota: cuanta más diversidad de pasas, más gracia tendrá el plato, pero teniendo siempre en cuenta que no se puede saturar la paella con estos frutos pues la endulzarían demasiado).

28 | Paella de pato y sus mollejas

Hace ya muchas dinastías mandarinas que los chinos criaban estas exquisitas aves anátidas, igual que los piramidales egipcios y que los griegos, y los romanos, y que todo el mundo, para qué engañarnos. No se sabe bien porqué, pero ver un pato y abrirse el apetito es todo uno. Más aún, oír la palabra «pato», ya excita los jugos gástricos. Todo en él invita a pasarlo a la cocina y darle un tratamiento culinario de alta festividad.

Patos los hay —como en casi todo— salvajes y domésticos. Es más que probable que nos tengamos que conformar con los domésticos, los que ya sólo les falta hablar, cuando vayamos a hacer una paella. Hay muchas especies comercializadas: el pato Mulard, el de Berbería, el aristocrático Duclair, el pulcro y flamante pato inglés de Aylesbury, el de Pekín, que constituye la raza nacional americana (robada a los chinos con el despiste de no haberle quitado la «etiqueta»), el siempre inasequible y exquisito Rouen..., en fin, que hay para dar y tomar.

Para nuestros modestos fines elegiremos el pato que encontremos, sin querer saber nada más sobre su pedigrí. El que no esté muy estudiado en asuntos de palmípedas, se verá sorprendido, e incluso impresionado, por el impactante sabor y textura de las mollejas. No se parecen en nada a cualquier otra casquería y constituyen el verdadero elemento distintivo de esta paella: su sabor es único.

Cuando se cocine pato, en cualquiera de sus modalidades, deberá tenerse siempre presente, que por mucho que se parezca a un inocente pollo tiene muchísima más grasa que éste; tanta que se deberá vigilar mucho cuanto aceite o materias grasas se aportan al guiso, en este caso la paella.

INGREDIENTES BASE	INGREDIENTES ESPECÍFICOS
1 kg de arroz	1 kg de pato (cualquiera de sus
caldo de ave	partes, al gusto)
1 bote de tomate natural triturado	8 mollejas de pato en conserva
4 dientes de ajo	
1 cebolla grande	
1 pimiento verde grande	
1 vaso de whisky de malta	
1 cucharadita de pimentón dulce	
3 sobres de azafrán	
grasa de la lata de mollejas de pato	
sal	

- Con la grasa de la lata de mollejas, se sofríe en la paellera la carne de pato salada y partida en trozos no demasiado grandes.
- A medio sofrito se le añade la cebolla, el pimiento y los dientes de ajo picado todo ello fino y se deja pasar en su conjunto hasta que todos estos ingredientes estén bien pasados, aportándose la cucharadita de pimentón dulce en el último momento sin dejar de revolver para que no queme.

- Se añade el vaso de whisky de malta y se deja, revolviendo de vez en cuando, hasta que se evapore el líquido en sus tres cuartas partes.
- Se incorpora el bote de tomate natural triturado y se rehoga todo muy bien.
- Se agrega el caldo en doble cantidad y un poco más del arroz que se va a usar y se deja cocer hasta que la carne esté blanda (por lo menos 30 minutos), reponiéndose periódicamente el líquido evaporado.
- Se incorpora el arroz, junto con el azafrán tostado, machacado y desleído en un poco de caldo y se deja cocer, comprobándose de sal, durante unos 15 minutos.
- A media cocción del arroz se echan las mollejas sobre toda la superficie distribuyéndolas uniformemente.
- Se retira del fuego, se deja reposar al menos 12 minutos y se sirve.

29 | Paella de tordos con rabanitos

Uno de los cantos más hermosos que se puede escuchar en todos los bosques es el que procede de los tordos. Se suele decir de ellos que más que vérseles, se les oye.

Con el nombre de tordos se engloban más de veinte especies de pájaros del género *Turdus*. Se trata de pequeñas aves que viven la mayor parte del tiempo en el suelo buscando bayas, gusanos, larvas y otros invertebrados que les sirven de alimento, llegando incluso a poner sus nidos en el mismo suelo o bastante próximos a él.

Todas las especies de este género, así como otras de la misma familia, se designan de una forma más amplia como zorzales. Gastronómicamente hablando, nos podemos referir a estas aves indistintamente como tordos o zorzales.

Si un día tuviéramos la suerte de conseguir alguno de estos ejemplares, cosa nada fácil, no dudemos en prepararlos en paella. Cundirán mucho más que simplemente guisados, aunque así también estén, en verdad, suculentos.

Su preparación en la paella admite las mismas posibilidades que el resto de pequeñas aves, como las codornices o las perdices, aunque aquí se ha optado por una original receta combinándolos con rabanitos. Al ser piezas de caza, es conveniente dejarlas macerar toda la noche en algún líquido alcohólico, como por ejemplo el que se muestra aquí de vino aromatizado con tomillo y ajos.

INGREDIENTES BASE
1 kg de arroz
caldo de ave
2 pimientos verdes
3 dientes de ajo
1 cucharadita de tomillo
1 botella de vino blanco seco
1 copa de brandy
aceite de oliva, sal

- Una vez limpios los tordos y tras quemar al fuego las partes que todavía conserven restos de plumas se cortan en cuatro partes por sus articulaciones.
- A continuación se ponen a macerar toda la noche con la botella de vino blanco seco, la copa de brandy, los dientes de ajo machacados y una cucharadita de tomillo en especie.
- Por su parte, se limpian los rabanitos con agua fría, conservando las hojas, y se cortan en juliana sin pelar.
- Se pican muy finos los pimientos verdes y se sofríen con los rabanitos.
- Cuando empiecen a tostar, se incorporan los tordos previamente escurridos y salados y se doran.
- Se añade el líquido de la maceración de los tordos colado y se deja pasar todo unos 10 minutos a fuego fuerte.
- Se echa el arroz y se revuelve bien todo el conjunto hasta conseguir una uniformidad de sabores.
- Se agrega el caldo, se prueba de sal y se cuece de 12 a 15 minutos.
- Se retira del fuego, se decora con 4 hojas de los rabanitos y se sirve tras un reposo de 12 minutos.

30 | Paella de pato a la naranja

No se sabe bien por qué, pero cuando el pato se aromatiza con la humilde naranja, el manjar adquiere unos aires reales propios de los grandes salones aristocráticos. La cosa es que este plato —creemos— se ha querido ennoblecer más de lo preciso.

Descrito de una forma un poco técnica, como lo hace el *Diccionario de Hostelería* de Jesús Felipe Gallego, el pato a la naranja es «un pato breseado y napado con una salsa elaborada con «demi-glace», jugo de naranja, caramelo hecho con vinagre y azúcar y una «juliana» de corteza de naranja y limón». Dicho así, no es de extrañar que parezca un lujo.

En fin, a nosotros nos bastará con aromatizar el arroz y el pato en confit, es decir, conservado en su propia grasa y condimentado con algunas especias, con un poco de zumo de naranja y ornamentarlo con algunos gajos de ésta, para conseguir una paella bien digna y suficientemente lujosa.

Habrá, seguramente, quien creerá verse agasajado como un príncipe, y es que, la verdad, es un plato digno de tal.

INGREDIENTES BASE
1 kg de arroz
caldo de ave
1 bote de tomate natural triturado
zumo de 1 naranja
zumo de 1 limón
3 dientes de ajo, 1 cebolla grande
3 sobres de azafrán, sal

INGREDIENTES ESPECÍFICOS
2 kg de confit de pato
1 naranja

- Se deshuesa el confit de pato, dejándolo en trozos de aproximadamente 3 cm.
- Se pela la naranja cortando los gajos en vivo, es decir, sin que queden restos de pulpa. Esto se hace cortando justo por donde se separan los gajos de tal forma que queden con un aspecto lo más limpio y «naranja» posible.
- Se calienta bien el caldo de carne, añadiéndole la pulpa sobrante de la naranja que se peló, todos sus restos y el zumo de un limón pequeño. Se deja cocer un tiempo (no demasiado, pues el caldo ya está hecho) hasta que se consiga un claro sabor a naranja, sin que llegue a ser «excesivo». Este caldo se mantendrá caliente y preparado para su incorporación a la paella.
- Se pica la cebolla en fino y se pocha en la grasa del confit con unas pizcas de sal, añadiéndose al poco los dientes de ajo también picados en fino.
- Cuando tenemos la cebolla y el ajo bien pochados, se le echa un vasito de zumo de naranja y se deja pasar unos minutos para rebajarlo.
- Se incorpora el arroz y se rehoga bien con la salsa de sabor a naranja que hemos formado en la paellera.
- A continuación se añade el bote de tomate natural triturado y se mezcla a conciencia con el arroz hasta formar una masa uniforme de aspecto y sabor.
- Se añade el caldo de ave caliente aromatizado con la naranja y el azafrán tostado, machacado y desleído en un poco de este y seguidamente los trozos de pato deshuesado, dejándose cocer de 12 a 15 minutos.
- En el último momento de la cocción (aún sobre el fuego) se decora con los gajos de naranja inmaculados. Se retira del fuego, se deja reposar por lo menos 12 minutos y se sirve.

31 | Paella de frutas pasas con pollo

Las frutas pasas son aquellas que una vez maduras se desecan exponiéndolas a la acción del aire y el sol o bien por medio de procedimientos industriales. Tras el proceso de desecado o pérdida de humedad, los frutos conservan un elevado nivel de azúcar, hasta un 30 por ciento de su contenido total, lo que les confiere su característico sabor dulce.

En el mercado existen muchas variedades, siendo las más comunes las procedentes de la uva, llamadas de forma genérica «pasas». En España gozan de gran reputación las pasas de Málaga, conociéndose ya en casi todo el mundo. Son unas uvas grandes, carnosas y con semillas que proceden de la uva moscatel. También tienen renombre internacional las pasas de Corinto, procedentes de la región griega de su nombre, más pequeñas que las de Málaga y sin pepitas; las de Esmirna, con su personal color amarillo, las Sultanas y otras más.

Esta paella puede hacerse con cualquier fruta pasa, siendo de hecho conveniente aportar una gran variedad de ellas, pero sin caer en la sobreabundancia, en la saturación, cosa ésta que en cocina suele servir para conseguir los resultados justamente contrarios a los deseados. Búsquese variedad, que no cantidad. Además de las uvas pasas, vendrán bien los carnosísimos orejones (del melocotón), los higos pasos, dátiles también valdrían, y cualquier otra fruta que nos salga al paso.

El sabor de este plato es claramente dulce, motivo por el que es necesario medir muy mucho la cantidad de frutas aportadas, no olvidemos su alto contenido en azúcar. Las pasas encontradas en el plato deberán ser como un golpe de suerte, no como una fatalidad más que nos ha caído en el reparto del arroz. El pollo, en este caso, juega un papel secundario, complementario al gusto endulzado del arroz y las pasas.

INGREDIENTES BASE
1 kg de arroz
caldo de verduras
2 dientes de ajo
perejil picado
miel
1 vaso de vino blanco seco
1 limón
aceite de oliva, sal

INGREDIENTES ESPECÍFICOS
2 pechugas de pollo
frutas pasas (ciruelas pasas, orejones,
higos pasos, pasas de Málaga, pasas
de Esmirna...)

- Se cortan las pechugas de pollo en tiras estrechas, se salan y se adoban con los ajos picados.
- Se ponen a freír en la paellera con aceite y cuando empiezan a dorar se añade una cucharadita de miel (sólo una, porque un exceso de miel estropearía la paella endulzándola demasiado), y se revuelve todo el conjunto un par de minutos.
- Se agrega el zumo de 1 limón, se sigue rehogando unos minutos y se añade el vaso de vino blanco seco, dejándolo pasar a fuego medio hasta que quede prácticamente evaporado.
- Se incorpora el arroz y se mezcla a conciencia para que absorba todos los sabores creados.
- A continuación se echan las frutas pasas y se rehogan ligeramente.
- Se añade el caldo de verduras y se deja cocer de 12 a 15 minutos, comprobándose de sal.
- Se retira del fuego, se espolvorea ligeramente el centro de la paella con perejil picado y se sirve tras un reposo de unos 12 minutos.

32 | Paella de chuletillas de jabalí y orejones

El jabalí es el antecesor del cerdo doméstico, su versión salvaje. Aunque por su aspecto gorrino pueda parecer un animal inofensivo, es más peligroso de lo que parece, especialmente los machos y de forma aún más especial si se sienten acorralados o en peligro. No olvidemos que pesan unos 150 kilos y que tienen unos colmillos que pueden alcanzar los 30 centímetros. Una embestida de este animal en estado furibundo supone lanzar en vuelo a una persona de peso medio a una distancia de varios metros.

Además de ser potencialmente peligrosos en un encuentro cara a cara, para la agricultura son absolutamente devastadores. Con su larga jeta —el hocico— y sus recios colmillos se dedican a hozar las veinticuatro horas del día destruyendo cuanto hallan sembrado a su paso.

Los jabalís son una presa cinegética muy cotizada. Se cazan por acecho, ojeo y acoso, a excepción de Obelix que lo hacía por magnetismo personal. Su carne es exquisita, mucho menos grasa que la de su pariente domesticado, el cerdo, y con un sabor mucho más fuerte y aromatizado, el típico de la carne de caza.

Normalmente, este tipo de carnes suele precisar para su cocina una previa maceración con objeto de reducir su gran dureza.

Para esta receta, al tratarse de unos cortes pequeños como son las chuletillas, no se ha hecho, aunque no se excluye la posibilidad de hacerlo, por ejemplo, en vino tinto con alguna especie como puede ser tomillo.

INGREDIENTES BASE
1 kg de arroz
caldo de carne
4 puerros
tomillo en especia
1 vaso de vino tinto
1 bote de tomate natural triturado
1 cucharadita de pimentón dulce
1 cucharadita de pimentón picante
aceite de oliva, sal

INGREDIENTES ESPECÍFICOS
12 chuletillas de jabalí
8 orejones

- Previamente saladas, se doran por las dos caras las chuletillas de jabalí en la paellera con aceite y se reservan.
- En el mismo aceite se rehogan los puerros (sólo la parte blanca) picados en fino, añadiendo al final el pimentón dulce y el picante sin dejar de remover para que no queme.
- Una vez que el pimentón se haya distribuido uniformemente por todo el sofrito, se añade el arroz y se sigue rehogando 2 o 3 minutos más.
- Se agrega el vaso de vino tinto (más bien grande) y se deja el tiempo necesario a fuego fuerte para que reduzca casi totalmente, lo cual puede llevar apenas 1 o 2 minutos.
- A continuación se incorpora el tomate natural triturado y se revuelve todo bien hasta conseguir una masa regular.
- Se aporta el caldo, se comprueba de sal y se deja cocer de 12 a 15 minutos.
- A media cocción se colocan los orejones sobre el arroz hundiéndolos ligeramente en él.
- Poco antes de terminar de hacerse el arroz se colocan las chuletillas de jabalí en forma radial combinándolas elegantemente con los orejones.
- Se retira la paella del fuego, se deja reposar 12 minutos y sirve.

33 | Paella gobernada

En Oviedo hay un plato muy popular conocido como la «carne gobernada», que no es otra cosa que un guiso de carne de ternera hecha muy despacio, lo que se entiende como bien gobernada. Con esta premisa también se puede hacer —¿por qué no?— una «paella gobernada».

Para ello lo más conveniente es usar el «jarrete», también conocido como «morcillo», «zancarrón» o «chamón» (en Asturias), que es la parte trasera de la articulación inferior de la pierna de la res, una parte más bien blanda y rica en gelatina. Se considera una carne de segunda, pero para determinados platos resulta excelente por su jugosidad, difícilmente igualable por otros cortes de mejor calidad. Cuando se cocina cortado en rodajas sin deshuesar, el jarrete de ternera constituye el típico plato italiano conocido como «ossobuco» (un tipo de estofado de carne con el hueso y el tuétano).

La paella gobernada se diferencia del resto de paellas del género carnívoro en el largo proceso de cocción que llevará la carne para *gobernarla* como es debido y que quede blanda como la manteca. Siempre quedará el recurso de guisarla o gobernarla previamente aparte, pero no dejará de ser *truco*, y no conseguiremos la potencia de sabor que obtendremos si la cocemos con el debido tesón en la paellera durante más de hora y media reponiendo paciente y periódicamente el líquido evaporado (asustándola, es decir, alargando su cocción para que haya una mayor expansión de sabores).

INGREDIENTES BASE	INGREDIENTES ESPECÍFICOS
1 kg de arroz	*1 kg de jarrete de ternera deshuesado*
caldo de carne	*300 g de guisantes de lata*
agua	
2 tomates maduros grandes	
2 cebollas grandes	
4 dientes de ajo	
1 botella de vino blanco seco	
1 copa de brandy	
1 cucharadita de pimentón dulce	
aceite de oliva, sal	

- Se corta el jarrete de ternera en cuadrados, se sala y se macera una noche en una fuente con vino blanco, una copa de brandy y 4 dientes de ajo picados en fino.
- Una vez bien recudida y seca la carne se pone a dorar en la paellera.
- Cuando esté a medio dorar, se incorporan las cebollas picadas y se deja hacer todo lentamente hasta que la cebolla quede pasada, añadiéndose al final la cucharadita de pimentón dulce removiéndose sin parar para que no queme.

- Se añade el líquido de la maceración y se deja a medio fuego hasta que se reduzca casi por completo.
- A continuación se incorporan los tomates pelados y troceados y se dejan cocer hasta que queden convertidos en salsa.
- Se agrega el caldo de carne en doble cantidad y un poco más del arroz que se va a utilizar y se deja cocer a fuego medio como mínimo una hora y media, reponiéndose el líquido evaporado con agua fría para asustar el guiso.
- A la mitad aproximadamente de la cocción de la carne se añadirán los guisantes, sin son naturales, y al final de ésta, sin son de lata.
- Cuando la carne esté blanda (esto es fundamental, por lo que deberá dejarse pasar todo el tiempo que sea preciso), se comprueba el nivel de líquido en la paellera, rellenando con más caldo en caso de ser necesario, y se incorpora el arroz, dejándose cocer unos 15 minutos con las oportunas comprobaciones de sal.
- Se retira del fuego, se deja reposar unos 12 minutos y se sirve.

34 | Paella de pularda y brotes de soja

La pularda es la hembra del pollo criada de una manera que la hace especialmente «apetitosa». Sin embargo, si todo el mundo supiera cómo se crían estas aves, puede que llegaran a extinguirse por completo debido a la falta de compradores. Aunque quizás nos quite las ganas de hacer esta paella, sepamos un poco de esta *pequeña* crueldad que no tiene otro fin que satisfacer las apetencias gastronómicas humanas.

Esta pobre ave se encuentra con su primer susto a edad muy temprana cuando, de repente, encuentra que sin más explicaciones ¡la castran! (si, también se castra a las hembras, se les extirpan los órganos genitales). A continuación, su vida será de una tristeza y monotonía inigualables, viviendo ¡a oscuras! en un reducidísimo espacio que le impide casi cualquier ejercicio físico. Sólo puede decir que tiene una ventaja, y tal como la disfruta es más bien una desventaja: no pasa hambre. Muy por el contrario, durante toda su breve y aburrida existencia —cinco o seis meses— vive sometida a una alimentación forzada a base de cereales.

La justificación —si así queremos verlo— a tanto suplicio es que la castración anula en las aves la función hormonal de las gónadas masculinas o femeninas, provocando un espectacular cambio metabólico en el organismo del animal que altera todas sus cualidades organolépticas mejorando su textura, sabor y aroma. Además, la ausencia de las hormonas femeninas, los estrógenos, hace que el crecimiento sea mayor, consiguiéndose que alcancen un peso de dos kilos en una vida de tan solo 5 o 6 meses. Con la castración también se consiguen evitar los excesos de grasa subcutánea, cambiando dichas acumulaciones por proteína al tiempo que queda la grasa justa para obtener una delicadeza de paladar insuperable.

Si aun sabiendo todo esto nos decidimos por esta receta, tendremos el placer de encontrarnos con una de las carnes de ave más sabrosas posibles para una paella.

INGREDIENTES BASE
1 kg de arroz
caldo de ave
4 chalotas
2 ajos
1 bote de tomate natural triturado
3 sobres de azafrán
1 ramita de romero
aceite de oliva
sal y pimienta

INGREDIENTES ESPECÍFICOS
1 pularda
1 bote de brotes de soja

- Se parte la pularda en trozos regulares y se salpimienta.
- Cuando haya tomado la sal (unos 10 minutos por lo menos) se dora en la paellera con aceite y se reserva.
- En el mismo aceite se sofríen las chalotas y los ajos picado todo ello muy fino.
- Se agrega el tomate natural triturado, se deja salsear a fuego moderado durante unos 10 minutos y se incorpora el caldo de ave.
- Cuando empiece a hervir se echan los trozos de pularda que teníamos reservados y se deja cocer unos 30 minutos o el tiempo necesario para que quede bastante blanda.
- Se añade el arroz con el azafrán tostado, machacado y desleído en un poco de caldo y se deja cocer unos 15 minutos, comprobándose de sal.
- A los 5 minutos de empezar la cocción se disponen por la superficie del arroz los brotes de soja previamente escurridos.
- Se retira del fuego, se decora con la ramita de romero y tras un reposo de 12 minutos y se sirve.

35 | Paella de champiñones con muslos de pollo y conejo

La palabra champiñón es un galicismo con el que denominamos los hongos comestibles cultivados, aunque también pueden ser silvestres, lo que se conoce como «seta vulgar». El cultivo de este hongo se hace en túneles o cavas en donde se pueden mantener las condiciones idóneas de temperatura y humedad. Los hay de diferentes tamaños y tienen un sombrerillo que puede ser blanco, pardo o grisáceo.

El gran revolucionario de la alimentación Michel Montignac, que ha desbaratado con harta elegancia y saber muchas de las ideas preconcebidas de la nutrición tradicional, lo recomienda enérgicamente diciendo que «es una comida excepcional desde todos los puntos de vista, porque es una excelente fibra que contiene además muchas vitaminas». La mayor pega que le encuentra en la cocina actual es que no se usa con la suficiente frecuencia. Montignac nos recomienda continuamente «recurrir a él». Por algo será.

Una clave de la cocina del champiñón es lavarlo bien con agua, añadirle el zumo de medio limón para que no oxide y dejarlo escurrir por lo menos media hora. Cuando entre en contacto con las grasas del guiso deberá estar completamente seco.

Esta paella debe considerarse como una «paella de champiñones» y no de pollo y conejo, elementos estos que realmente son un acompañamiento para darle una cierta presencia proteínica —exigida por algunos— al plato. Obsérvense las pocas cantidades de carne que se utilizan.

INGREDIENTES BASE	INGREDIENTES ESPECÍFICOS
1 kg de arroz	500 g de champiñones
caldo de verduras	2 muslos de pollo
1 bote de tomate natural triturado	2 muslos de conejo
4 dientes de ajo	
ramitas de perejil	
1 vaso de vino blanco	
1 cucharadita de pimentón picante	
3 sobres de azafrán	
aceite de oliva, sal	

- Se parten a la mitad los muslos de pollo (desechando los extremos inferiores) y los muslos de conejo y se salan.

101

- Se lavan los champiñones con abundante agua, un poco de harina y limón, se parten a la mitad y se dejan recudiendo por lo menos 1 hora, hasta que estén completamente secos.
- Se ponen a freír en la paellera los muslos de pollo y los de conejo al principio a fuego más bien fuerte, y después a fuego lento, hasta que estén casi pasados.
- A continuación se agregan los champiñones (ya secos), añadiéndoseles unos 5 minutos después el ajo picado, una cucharada de perejil también picado y unas pizcas de sal con la cucharadita de pimentón picante al final.
- Cuando el champiñón ha obtenido un tono un poco dorado, se le echa el vaso de vino blanco y se deja hasta que, prácticamente, se haya evaporado.
- Se incorpora el tomate natural triturado y se rehoga bien (por lo menos 5 minutos).
- Se añade el arroz, mezclándose a conciencia hasta que se impregne de todos los sabores creados hasta el momento.
- Se incorpora el caldo de verduras, junto con el azafrán tostado, machacado y desleído en un poco de éste y se cuece de 12 a 15 minutos, comprobándose de sal.
- Se retira del fuego, se deja reposar unos 12 minutos y se sirve.

36 | Paella de liebre al vino tinto

De todo lo que se encuentra por la cocina venatoria, la liebre es de lo más suculento y agradecido al paladar. Ahora bien, no todas las liebres valen para el guiso. En realidad sólo debemos aceptar las jóvenes, y preferentemente las que tienen entre tres y seis meses. Esto no quiere decir que no se puedan consumir liebres que hayan alcanzando el año o año y medio, pero las ideales son las de dichas tiernas edades y carnes, conocidas por los franceses como las *trois quarts*.

Para que no nos den *liebre (vieja) por liebre (joven)*, existen dos métodos de comprobación empírica: el primero, en las liebres jóvenes las orejas se desgarran con facilidad, cosa que no ocurre con las seniles. El segundo, descrito por Ángel Muro en *El Practicón* en 1893, «...tocándoles la primera articulación de las patitas delanteras. Si se siente al tacto en cada una, un huesecillo que se mueve y que parece una lenteja, entonces la liebre es joven, porque los tales huesos no existen, o por mejor decir, no se notan, porque ya no se mueven, en los animales que han cumplido el año».

Aunque hoy en día la liebre es un manjar respetado y deseado, consumido principalmente en civet o sencillamente estofado, en siglos pasados se le consideraba un animal muy poco recomendable para el consumo humano pues había la creencia de que las liebres se alimentaban de cadáveres que desenterraban.

A todo este tipo de piezas de caza la maceración en algún líquido les va muy bien pues las despojan de ese rigor coriáceo que tiene la carne de los animales que viven en estado salvaje. En la presente receta, un macerado a fondo durante dos días con vino, tomillo y ajo nos dejarán la carne preparada para expandir lo mejor de sus esencias montaraces.

INGREDIENTES BASE	INGREDIENTES ESPECÍFICOS
1 kg de arroz	*1 liebre*
caldo de carne	
1 cebolla grande	
1 cabeza de ajos	
2 zanahorias	
2 guindillas	
1 litro de vino tinto	
tomillo	
aceite de oliva	
sal y pimienta	

- Se corta la liebre en trozos regulares, se salpimienta y se deja macerando con el litro de vino tinto, una cucharada de tomillo y 4 ajos machacados durante dos días en la nevera.
- En la paellera con aceite se pone a sofreír la cebolla con las dos zanahorias picado todo ello muy fino.
- Al poco de empezar este sofrito se le agrega la liebre troceada, macerada y bien escurrida, junto con las dos guindillas, y se deja hasta que dore un poco (unos 15 minutos).
- Se añade el vino de la maceración junto con caldo de carne hasta que alcance dos veces y un poco más la cantidad de arroz que se va a usar y se deja cocer una media hora, reponiendo el líquido evaporado con caldo caliente.
- Tras comprobar y rectificar, en su caso, de sal, se incorpora el arroz y se cuece unos 15 minutos.
- Se retira del fuego, se decora con los ajos confitados en camisa bien distribuidos y se sirve después de un reposo de 12 minutos.

    (Ajos confitados en camisa: se cubren con aceite los dientes de ajo sin quitarles la piel y se dejan cocer muy lentamente 20 minutos).

37 | Paella del pastor

El cordero es la cría de la oveja que todavía no ha cumplido un año; después, hasta los dos años y antes de considerársele adulto, se le llamará borrego. Dentro de los corderos, se distingue por su finura de carne el cordero lechal, que es el que todavía no ha sido destetado, cosa que ocurre al mes y medio de nacer. Su alimentación ha sido casi exclusivamente a base de la leche materna, motivo por el que presenta una exquisitez de carnes realmente admirable. Cuando su edad ronda los seis meses, se le conoce como cordero pascual, debido a que más o menos suele coincidir con la Pascua.

Este hermoso animal, sinónimo de suavidad y mansedumbre, está estrechamente relacionado con la componente pastoril que tienen las fiestas navideñas. Los lejanos pastores del Belén de María y José se representan siempre con corderos. En el mundo árabe, el cordero también está íntimamente ligado a las tradiciones culinarias, y de una forma especial además, igual que en el mundo hebreo, por las consabidas y caprichosas leyes coránicas y talmúdicas que prohíben el consumo de cerdo.

La gastronomía árabe tiene infinidad de recetas en las que reina el cordero en todo su esplendor. En esta receta se ha querido robar un poco de esa tradición, *paellizándola*, compartiendo el cordero sacralizado por el cristianismo en forma de un plato sencillo, de pastor, con sabor a campo y a excursión.

INGREDIENTES BASE	INGREDIENTES ESPECÍFICOS
1 kg de arroz	*1 kg de pierna de cordero deshuesada*
caldo de carne	*½ kg de setas*
1 bote de tomate natural triturado	
1 cebolla grande	
2 pimientos rojos	
8 dientes de ajo	
3 sobres de azafrán, sal	

- En la paellera con aceite se fríen las setas cortadas en trozos regulares junto con los dientes de ajo sin pelar durante aproximadamente 8 minutos y se reservan.
- En el mismo aceite doramos los pimientos rojos y la cebolla todo ello picado muy fino con unas pizcas de sal.
- Se añade el cordero cortado en trozos del tamaño de una nuez y se sofríe hasta que dore.
- A continuación se incorpora el tomate natural triturado y se rehoga bien.

- Se incorpora caldo en doble cantidad y un poco más del arroz que se va a usar y se deja cocer hasta que la carne esté blanda, cosa que puede tardar una hora más o menos, reponiendo el líquido evaporado cuanto sea necesario.
- Una vez conseguido esto, se añade el arroz y el azafrán tostado, machacado y desleído en un poco de caldo y se cuece unos 15 minutos.
- A media cocción se disponen las setas y los ajos en forma radial sobre el arroz.
- Se retira del fuego, se deja reposar unos 12 minutos y se sirve.

38 | Paella de pichones con setas

Pichón —y pichona—, al margen de ser un apelativo zalamero con el que nos lisonjeamos a veces hombres y mujeres, es el pollo de la paloma casera. Suele pesar unos 250 g y tiene una carne extremadamente delicada y sabrosa, de ahí su uso figurado para con las personas. Hay un viejo refrán que dice «del pichón las alas y del cordero las magras». Pero lo cierto es que todo en esta avecilla es delicioso, hasta el hígado carece de hiel. Su papel en una paella tiene asegurado un protagonismo indiscutible, mereciéndose incluso un Oscar, o un Goya también valdría, si hubiera alguno en esta categoría.

Ángel Muro, en su obra clásica *El Practicón*, auténtico compendio de la cocina internacional de por aquella época — hablamos del año 1893—, decía que de las muchas variedades y especies que hay [de pichones], la más delicada como manjar es la que tiene el pico corto y las plumas del pescuezo como si estuvieran despeinadas y semejantes a un collar. Aunque es difícil que hoy encontremos en una carnicería al simpático pichón con todas sus plumas (probablemente no tenga ya ni el piquito), indiquemos el dato para mostrar un toque de erudición gastronómica frente al pollero ante los ojos y oídos atentos de quien nos sigue en la cola.

Las setas son, por su parte, uno de los mejores acompañamientos del pichón. Hay infinidad de recetas que lo corroboran: asado, en compota, a la crapodina, con cebolla confitada...

- Se cortan los pichones en dos trozos, se salan y se ponen a sofreír en la paellera con las dos cebollas picadas en fino.

INGREDIENTES BASE
1 kg de arroz
caldo de ave, agua
2 cebollas, 2 dientes de ajo
ramitas de perejil
1 bote de tomate natural triturado
1 cucharadita de pimentón dulce
3 sobres de azafrán
aceite de oliva, sal

INGREDIENTES ESPECÍFICOS
8 pichones
200 g de setas

- Cuando empieza a dorar el conjunto se añaden las setas limpiadas a mano (nunca con agua) y cortadas en trozos grandes o enteras si son pequeñas, junto con los 2 dientes de ajo picados y una cucharada de perejil también picado, y se saltea todo unos 3 minutos con la adición al final de una cucharadita de pimentón dulce.
- Se añade el tomate natural triturado y se rehoga todo un par de minutos.
- Se agrega agua hasta la mitad de la altura de las asas de la paellera y se deja a fuego medio hasta que, prácticamente, se haya consumido toda (puede tardar de 15 a 25 minutos, dependiendo del fuego).
- Se incorpora el arroz y se remueve enérgicamente hasta que quede bien impregnado de todos los sabores (aproximadamente 3 minutos).
- Se completa con caldo de ave en doble cantidad y un poco más de la de arroz, se añade el azafrán tostado, machacado y desleído en un poco de caldo y se deja cocer de 12 a 14 minutos, comprobándose de sal.
- Una vez retirada la paella del fuego se decora con unas ramas de perejil y se sirve tras 12 minutos de reposo.

39 | Paella de jamón con guisantes y alcachofas

De una manera fría y genérica se puede decir que el jamón es la pierna trasera del cerdo curada o cocida entera (así lo dice el DRAE). Sin embargo, en España el jamón es mucho más que eso. De siempre esta parte del cerdo ha representado un estado de bonanza económica familiar. Incluso la presencia de un jamón entero delicadamente recostado en alguna parte de la cocina es un poco «signo de ostentación», y no digamos si es de pata negra, esto es ya «lujo».

No hay lugar en el mundo en el que se consuma el jamón con mayor sabiduría popular. Y tampoco hay lugar en el mundo que tenga mejor jamón, pese a quien pese. Ni el de Bayona, por muy francés que sea; ni el de Bradenham por mucho que le guste a *Her Majesty, the Queen*; ni el de Parma, ni el de Westfalia, ni mucho menos el universal jamón de York, pueden compararse con el ambrosiaco jamón ibérico.

Como mejor se degusta este inigualable pernil es, sin lugar a dudas, acompañado de pan y vino, nada más. Uno empieza con una loncha de jamón, la acompaña de un trozo de buen pan, echa un traguito de vino tinto y vuelve a coger otra loncha. Y así sucesivamente hasta que al final uno no sabe en donde parar, si en la loncha de jamón, el trozo de pan o el vino tinto, pues tan bueno es el regusto que deja cada uno de estos tres manjares reunidos en el paladar.

Pero el jamón ibérico también entra en la cocina para crear riquísimos platos de toda índole. Uno, que no por popular deja de tener su *gracejo* culinario, es el conocido plato de mesón y fonda «guisantes con jamón», y de él procede la inspiración de esta receta de paella. Saboreémosla sin reparos en cualquier ocasión.

INGREDIENTES BASE	INGREDIENTES ESPECÍFICOS
1 kg de arroz	250 g de tocino ibérico
caldo de jamón	250 g de jamón poco curado
4 dientes de ajo	1 lata de guisantes
3 sobres de azafrán, sal	1 lata de corazones de alcachofa

- En la paellera en seco se echa el tocino ibérico cortado en trozos grandes y largos y se deja derretir lentamente.
- Sobre esta grasa se añade el jamón cortado en tiras y se rehoga ligeramente.
- Se añaden los dientes de ajo laminados y cuando empiecen a dorar se incorpora el arroz, rehogándose bien con el jamón y la grasa del tocino.
- Se agregan los guisantes y los corazones de alcachofa partidos a la mitad y se mezcla con el arroz teniendo cuidado de no deshacer las verduras.
- Se incorpora el caldo, junto con el azafrán tostado, machacado y desleído en un poco de éste, se comprueba de sal, teniendo en cuenta que el jamón ya habrá hecho una gran aportación, y se cuece de 12 a 15 minutos.
- Se retira del fuego y se sirve después de un reposo de 12 minutos.

40 | Paella de carrileras de cerdo ibérico al Oporto

¿Qué son las carrilleras?, primera pregunta. Pues muy fácil. Carrillera viene de 'carrillo' y es la quijada de ciertos animales, como el cerdo, el cordero, la vaca y otros del mismo tipo. Concretamente a esa zona musculosa que el cerdo tiene a ambos lados de la cara también se le llama carrillada y es la que se usa para esta receta.

Esta mofletuda parte del puerco no responde en absoluto a lo que uno pudiera esperarse de ella. Por proximidad, podría pensarse en una carne del tipo oreja o morros. Sin embargo, su textura es de una delicadeza extrema, nada que ver con la gelatinosidad de aquella. Antes, al contrario, se asemeja mucho a las mejores partes de carnes consideradas manjar como son algunas del pato o el cordero.

La formulación de esta receta, basándose en los efectos de la maceración y posterior guiso en Oporto, recrean una combinación magistral de textura y aroma que, aunque poco habituales en platos de fuerte tradición campestre como la paella, son inevitables de guisar una vez que se conoce su secreto.

Esta paella podría considerarse *alquímica*, pues con dos ingredientes bien comunes logramos unos resultados culinariamente áureos, igual que los alquimistas obtenían el preciado metal a partir del vulgar plomo.

INGREDIENTES BASE	INGREDIENTES ESPECÍFICOS
1 kg de arroz	16 carrilleras de cerdo ibérico
caldo de carne	250 g de champiñones
2 tomates maduros	1 botella de Oporto
2 cebollas	
3 zanahorias	
1 limón	
aceite de oliva, sal	

- Se limpian las carrilleras despojándolas de su grasa exterior, se salan y se dejan macerar una noche con todo el contenido de la botella de Oporto.
- Se escurren bien y se tuestan en la paellera con un poco de aceite.
- Una vez tostadas se les añade las cebollas y las zanahorias picadas muy finas hasta que esté todo el conjunto blando.
- Se incorpora el tomate pelado y sin pepitas cortado en dados pequeños de aproximadamente medio centímetro de lado.

- Una vez rehogado el conjunto se añade el Oporto que se utilizó en la maceración y lo dejamos cocer media hora, añadiendo caldo si fuera necesario.
- Cuando las carrilleras estén hechas, se agrega caldo en cantidad suficiente para que sea el doble y un poco más del arroz que se va a usar, se pone a fuego fuerte y se echa el arroz y los champiñones en láminas, dejándolo cocer unos 15 minutos.
- Se retira del fuego, se decora con unas rodajitas de limón y, tras un reposo de 12 minutos, se sirve.

41 | Paella de alón de pavo con zanahorias y pimientos

El pavo es un ave tan fornida que cuando hablamos de sus alas no podemos dejar de llamarlas «alones» (desde luego, decir alitas de pavo no sería muy atinado). Dentro de lo dura y seca que puede llegar a ser la carne de este animal, especialmente la pechuga, los alones constituyen una parte relativamente blanda y jugosa.

Bien sofritas y cocidas, y acompañadas por un par de verduras con dos tipos diferentes de corte, en juliana y en aros, más que nada por una cuestión de presentación, recuperaremos unos sabores nada desdeñables para nuestras paellas.

El pavo, al margen de su valor festivo y de celebración, es un alimento nutricio de grandes cualidades, y como toda ave que se precie encontrará en la paella uno de sus mejores entornos culinarios. Podríamos hacer la misma receta con cualquier parte del ave, pero, sin duda, con sus soberbios alones, lograremos un plato de una presencia verdaderamente regia y original.

INGREDIENTES BASE
1 kg de arroz
caldo de ave
1 bote de tomate natural triturado
2 dientes de ajo
1 cucharadita de pimentón dulce
½ cucharadita de pimentón picante
3 sobres de azafrán
aceite de oliva, sal y pimienta

INGREDIENTES ESPECÍFICOS
4 alones de pavo
4 zanahorias
2 pimientos verdes italianos
(los largos y estrechos)

- Se cortan los alones de pavo por la articulación en dos piezas, desechándose las puntas, y se salpimientan.
- Se pelan y cortan las zanahorias en juliana; al mismo tiempo se

cortan los pimientos verdes de piel fina en aros estrechos y se sofríen junto con los trozos de zanahoria en la paellera.

- Al final casi del sofrito se añaden los dientes de ajo laminados (que
pueden ser 2 o más, al gusto) y, cuando empiezan a dorar, se espolvorea con un puñadito de sal gorda y se retira todo a un plato.
- En el aceite que queda en la paellera se fríen los alones de pavo
hasta que estén dorados, añadiéndoseles al final el pimentón dulce
y el picante con la precaución siempre de que no queme.
- Se incorpora el bote de tomate natural triturado y se deja pasar con
los alones durante unos 6 u 8 minutos.
- Se agrega el caldo de ave y se deja en cocción a fuego medio durante aproximadamente 20 minutos o el tiempo necesario, ya sea más o
menos, para que la carne quede blanda.
- En dicho momento, se incorpora el arroz, junto con el azafrán tostado, machacado y desleído en un poco de caldo, se comprueba de
sal y se deja hacer unos 15 minutos.
- 3 minutos aproximadamente antes de terminar la cocción del arroz,
se hecha la zanahoria en juliana y los aros de pimientos por toda la
superficie de la paella.
- Se retira del fuego, procurando que los alones queden dispuestos de
forma radial en la paellera, se deja reposar unos 12 minutos y se
sirve.

42 | Paella de costillas con garbanzos

Los garbanzos forman parte de muchos de los guisos españoles
más populares, desde los hispanísimos cocidos, empezando por
el madrileño y acabando por el maragato, los campechanos
callos a la andaluza, hasta los tostados, conocidos como «torra-
dos», que sirven de aperitivo y, en definitiva, todo un arco de
platos regionales a cuál más nutricio y sabroso.

Cuenta Néstor Luján, el erudito escritor y periodista que tanta divulgación gastronómica nos dejó, que la palabra garbanzo
viene del mozárabe «arbanço» y que adquirió la 'g' por influjo
de varias legumbres, como la algarroba o la gálvana (una especie de guisante). No se conoce muy bien el origen de la palabra
«arbanço», pero al parecer, y siempre según Néstor Luján, procede de alguna lengua indoeuropea, quizá prerromana.

Lo que sí se sabe es que los garbanzos fueron introducidos en
España por los cartagineses, cosa por la que hemos de estarles
eternamente agradecidos. Cuenta una leyenda a este respecto,
que el general cartaginés Asdrúbal, de todos conocido al menos
de oídas, por lo mucho que se le ha citado siempre en los libros

de texto de historia, estableció el cultivo del garbanzo en las tierras de Cartagena, la Cartago Nova de los romanos. La costumbre perdura hasta hoy cultivándose esta legumbre en las tierras murcianas, aunque la mayor parte de su producción se ha desplazado a las llanuras castellanas, en donde se da, sin lugar a dudas, el mejor garbanzo del país y probablemente uno de los mejores del mundo.

No obstante las alabanzas que se puedan hacer de esta nutritiva legumbre, los garbanzos no forman un maridaje especialmente apropiado para los platos de arroz, aunque existan muchas recetas arroceras que los lleven, especialmente en la comida árabe, pues su mantecosidad no llega a hacer muy buenas migas con la relativa pastosidad del arroz. Por ello, es indispensable, caso de juntarlos en un mismo recipiente, emplear sólo un puñadito, una cantidad que represente un tropiezo «ocasional» en el plato de cada comensal.

INGREDIENTES BASE
1 kg de arroz
caldo de verduras
2 cebollas, 1 ramito de perejil
1 vaso de vino blanco
3 sobres de azafrán
aceite de oliva
sal y pimienta

INGREDIENTES ESPECÍFICOS
1 kg de costilla de cerdo
2 chorizos rojos
200 g de garbanzos sobrantes
de un cocido

- Se cortan las costillas de cerdo como para guisar y se dejan salpimentadas durante una hora.
- En la paellera con aceite se saltean a fuego fuerte unos minutos.
- Cuando empiezan a dorar se les añade la cebolla picada finamente y se deja a fuego medio hasta que la cebolla esté bien pasada.
- Se incorpora el ramito de perejil picado muy fino y se rehoga un par de minutos.
- A continuación se añaden los chorizos en rodajas y se sigue rehogando todo el conjunto otros dos minutos.
- Se agrega el vaso de vino blanco (abundante) y se deja hasta que reduzca en sus tres cuartas partes.
- Se aporta el caldo de verduras y se deja cocer a fuego suave aproximadamente media hora, hasta que las costillas estén blandas.
- Se incorpora el arroz con el azafrán tostado, machacado y desleído en un poco de caldo, se comprueba de sal y se cuece unos 15 minutos.
- 5 minutos antes de terminar la cocción se echan los garbanzos distribuyéndolos de una manera uniforme por la superficie del arroz.
- Se retira del fuego, se deja reposar 12 minutos y se sirve.

43 | Paella de cabeza de jabalí y setas

Culinariamente hablando, cuando decimos «cabeza de jabalí», no nos referimos a la rechoncha cabeza del animal en sí, con sus colmillazos, jeta, sesos y todo lo demás, sino al fiambre que se elabora con las diferentes partes de la cabeza de este animal. No obstante, esto realmente es en teoría, puesto que en la práctica se hace con la cabeza del cerdo común y corriente.

Existe otro producto similar a éste, conocido con el nombre de «queso de cerdo», que se elabora con la carne de la cabeza del gorrino, desmenuzada, picada y prensada a la que se le da finalmente la forma de queso, de ahí su nombre. La diferencia entre estos dos productos, aparentemente idénticos, es que cuando se hace el queso de cerdo se deja unos días en salmuera para que coja un determinado color, y además la cabeza de jabalí se elabora en moldes más alargados.

Esta receta es sumamente versátil, pudiendo realizarse prácticamente con cualquier embutido de un tipo similar a la cabeza de jabalí o el queso de cerdo y unas setas de temporada, cualquiera que tengamos a mano. Si utilizáramos setas de cultivo muy grandes sería preciso reducirlas un poco de tamaño partiendo sencillamente con la mano las piezas de un tamaño superior a lo razonable para una paella.

Es conveniente recordar cuando se cocinan setas que éstas no se lavan con agua, sino que se limpian bien con un trapo, quitándoles la tierra o suciedad que pudieran tener. El agua las impregnaría y no freirían en el aceite, más bien cocerían, sin contar con que en muy poco tiempo se oxidarían.

INGREDIENTES BASE	INGREDIENTES ESPECÍFICOS
1 kg de arroz	750 g de cabeza de jabalí
caldo de carne	400 g de setas
2 cebollas grandes	
1 bote de tomate natural triturado	
1 ramillete de cebollinos	
1 cucharadita de pimentón dulce	
½ cucharadita de pimentón picante	
aceite de oliva, sal	

- Se quitan los tallos a las setas, se limpian con un paño (sin agua), se doran enteras en la paellera con aceite y se reservan.
- En el mismo aceite se rehoga la cebolla cortada en juliana.

- Cuando ésta empiece a dorar le añadimos aproximadamente ½ kilo de cabeza de jabalí cortada en dados y seguimos rehogando un minuto más.
- A continuación se agrega el arroz y el pimentón y se revuelve bien todo el conjunto hasta que éste quede uniformemente distribuido.
- Se añade el tomate natural triturado y se deja unos 3 o 4 minutos, removiendo periódicamente, hasta que reduzca.
- Cuando se haya formado una masa homogénea de color rojizo con todos los ingredientes de la paellera, se incorpora el caldo, se comprueba de sal y se pone a cocer de 12 a 15 minutos.
- Cuando el arroz está a punto de terminar de hacerse se coloca por encima el resto de cabeza de jabalí cortado en lonchas, así como las setas, distribuyéndolo todo de una manera creativa.
- Justo antes de retirar la paella del fuego se espolvorea con un poco de cebollino picado en fino.
- Se deja reposar unos 12 minutos y se sirve.

44 | Paella de picantones

Los picantones son un tipo de gallo de pequeño tamaño con un plumaje de color gris claro. Suelen pesar en torno al medio kilo. No tienen, como alguien pudiera pensar, nada que ver con algún tipo de guindilla o pimiento picante.

El Diccionario de la Real Academia Española, una vez más, vuelve a sorprendernos olvidándose de dicha ave, como si no existiera, mientras que la encontramos en prácticamente todos los supermercados de hoy. Sin embargo, no se olvida, por ejemplo, del 'obiubí', al parecer un mono de color negro que duerme de día con la cabeza metida entre las piernas (algo que debe ser difícil de encontrar hasta en un zoológico).

Con esta escasa ayuda lingüística que nos presta el DRAE no es de extrañar que muchos de nuestros comensales nos vayan pidiendo una jarra con agua bien fría —o un enorme botijo, los más campechanos— cuando oigan lo de los picantones, por lo que pudiera pasar.

Para terminar, decir lo que decimos de todas las aves: se encontrarán a sus anchas en nuestra paellera, dándole vida, color y sabor; y además, apenas tienen grasa ¡qué más quieren los de la Realísima Academia!

INGREDIENTES BASE
1 kg de arroz
caldo de ave
3 dientes de ajo
1 bote de tomate natural triturado
1 vaso de brandy
1 cucharadita de pimentón picante
3 sobres de azafrán
aceite de oliva, sal

INGREDIENTES ESPECÍFICOS
4 picantones
8 salchichas blancas frescas
8 alcachofas

- Se cortan los picantones en trozos regulares, se salan y se ponen a freír en la paellera junto con las salchichas blancas.
- A los 5 minutos aproximadamente se agregan las alcachofas peladas y despuntadas (dejando el corazón, propiamente dicho) y se sigue haciendo todo hasta que quede pasado tanto la carne como las alcachofas. Las salchichas se irán retirando a una fuente según estén doradas, reservándose.
- Se añaden los ajos picados y cuando empiecen a dorar se echa el pimentón picante removiéndose sin parar para que no queme.
- Tras un minuto, aproximadamente, se agrega el vaso de brandy y se mantiene a fuego medio hasta que se evapore prácticamente.
- Se añade el tomate natural triturado y se deja salsear bien con todo el conjunto de ingredientes.
- Se incorpora el arroz y se rehoga a conciencia.
- Cuando hemos obtenido una masa homogénea de color rojizo, echamos el caldo de ave con el azafrán tostado, machacado y desleído en un poco de éste y lo dejamos cocer de 12 a 15 minutos, comprobándose de sal.
- 3 minutos antes de terminar la cocción se colocan las salchichas en forma radial sobre el arroz.
- Se retira del fuego y se sirve tras un reposo de unos 12 minutos.

45 | Paella de perdiz con verduras

La perdiz siempre ha estado relacionada con la opulencia, el lujo, las cocinas palaciegas, y también con la felicidad, pues todos los finales felices acaban celebrándose con esta ave. En el día de hoy, sin embargo, la cría en granjas especiales ha acabado con su carácter elitista y la ha puesto al alcance prácticamente de cualquier mesa, al menos en alguna ocasión (salvando las distancias con las auténticas de caza, claro está).

En España hay dos variedades: la gris o pardilla y la roja o real, siendo esta segunda la más abundante. Las perdices gozan de la peculiaridad de tener un plumaje críptico que hace muy difícil descubrirlas cuando están en el suelo. Por este motivo se cazan con perros de muestra, que las hacen volar poniéndolas a tiro de los cazadores.

Cuando hagamos una paella de perdices, lo primero que hay que tener en cuenta es si son piezas de caza o de cría, pues las primeras necesitan bastante más cocción que las segundas. Esta receta es válida para las de cría; si hubiera suerte y fueran de caza, será necesario variar la receta incorporando el caldo antes que el arroz para guisar bien las aves en él hasta que ablanden, como se hace con las carnes de la paella valencia, o macerarlas 24 horas en vino tinto.

INGREDIENTES BASE	INGREDIENTES ESPECÍFICOS
1 kg de arroz	3 perdices de granja
caldo de ave	300 g de coles de Bruselas
1 bote de tomate natural triturado	300 g de champiñones
1 ajo puerro, 2 pimientos verdes	
ramas de perejil, 1 vaso de vino tinto	
1 cucharadita de pimentón dulce	
½ cucharadita de pimentón picante	
3 sobres de azafrán, 1 limón	
unas ramas de perejil rizado	
aceite de oliva, agua, sal	

- Se pican en fino los 2 pimientos y el ajo puerro (sólo la parte blanca) y se ponen a sofreír en la paellera con unas pizcas de sal.
- A medio sofrito se añaden las perdices troceadas y saladas y se rehogan un poco, añadiéndose el pimentón dulce y el picante al final, con la precaución de siempre de que no queme.
- Se añaden después las coles de Bruselas y se sigue rehogando el conjunto unos minutos más para agregar, tras otro período de varios minutos, los champiñones enteros o a la mitad, lavados y completamente recudidos, junto con una cucharadita de perejil fresco picado.
- Se sigue haciendo todo a medio fuego y cuando la cebolla, los pimientos y el ajo puerro estén completamente pasados se echa el vaso de vino tinto (o incluso 2 vasos) y se deja cocer hasta que se evapore todo el líquido.
- Se agrega ahora el tomate natural triturado y se rehoga unos 4 o 5 minutos removiendo con mucha frecuencia.
- Se incorpora el arroz y se revuelve todo el conjunto de ingredientes hasta que queden total y plenamente mezclados.
- Se añade el caldo de ave junto con el azafrán tostado, machacado y

desleído en un poco de éste, así como el limón exprimido directamente sobre la paella, y se deja cocer de 12 a 15 minutos, sin olvidarse de realizar la oportuna comprobación de sal.

- Se retira del fuego, se decora con varias ramas de perejil rizado sembradas en el arroz y se deja reposar al menos 12 minutos antes de servir.

PAELLAS DE PESCADO

(recetas para 8 personas)

46 | Paella clásica de marisco

El marisco es a la gastronomía lo que la piedra preciosa a la joyería. Constituye un manjar exquisito y simplísimo que, además, se cocina de la forma más sencilla: tan solo unos minutos de cocción con agua y sal o un vuelta y vuelta en la plancha o en la parrilla. Poco más se le debe hacer a esta pedrería fina culinaria, si no queremos entrar en la fiesta de disfraces de la alta cocina. Y sin embargo..., no hay otro alimento que tenga un sabor intrínseco tan determinado, tan preciso y tan delicado. Es el sabor del mar, sólo eso.

Los mariscos se pueden clasificar principalmente en dos grupos: los crustáceos, que tienen caparazón duro y patas, y los moluscos, invertebrados que suelen tener una concha que les sirve de protección, o no tenerla, presentando un cuerpo blanduzco.

En la paella, su presencia es signo de distinción, y de dispendio, en muchos casos. Recuérdese en todo momento que nunca deberán tener por compañía ninguna carne de animal terrestre: ¡herejía!

INGREDIENTES BASE	INGREDIENTES ESPECÍFICOS
1 kg de arroz,	*6 langostinos*
caldo de pescado	*6 gambones*
1 bote de tomate natural triturado	*4 cigalas grandes*
5 dientes de ajo, 2 pimientos verdes	*300 g de almeja (de buena calidad)*
1 cucharadita de pimentón dulce	*500 g de mejillones*
2 limones, 3 sobres de azafrán	*1 nécora*
1 rama de perejil, aceite de oliva, sal	

- Se limpian los mejillones y se abren hirviéndolos con un poco de agua, que se añadirá al caldo de pescado colándolo.
- Se pone aceite, abundante, en la paellera y se fríen los langostinos, los gambones y las cigalas espolvoreado todo con puñaditos de sal gorda. Se les va dando vuelta de uno en uno y conforme quedan dorados por las dos caras se van retirando.
- En el aceite que queda en la paellera se hará un sofrito con los pimientos verdes y los dientes de ajo picado todo ello muy fino, incorporando en el último momento el pimentón dulce (con cuidado de que no queme).
- Se agrega el arroz y se mezcla vigorosamente y sin parar hasta

conseguir el punto de arena (que alcance un grado de sofrito en el que al meter una cuchara en el arroz suene como si se metiera en arena).

- Se añade el tomate natural triturado y se deja hacer un par de minutos. Una vez conseguido esto, se incorpora el caldo de pescado, con el azafrán tostado, machacado y desleído en un poco de éste y el zumo de un limón exprimido directamente sobre la paella, se comprueba de sal y se cuece de 12 a 15 minutos.
- Al inicio de la cocción, se coloca en medio de la paella la nécora en crudo, partida a la mitad para que descargue todo su sabor en el arroz. Acto seguido se distribuyen las almejas por toda la superficie y los mejillones, con una sola cáscara, ensartados en los bordes de la paella, dejando 4 de ellos con las dos para colocar rodeando la nécora.
- A media cocción se colocan con sumo cuidado y en forma radial, alternándolos, los langostinos, los gambones y las cigalas.
- Se retira del fuego y se decora con el otro limón en rodajitas colocadas por los bordes y la rama de perejil. Se deja reposar unos 12 minutos y se sirve.

47 | Paella ciega de gambas y verduras

Aunque un buen marisco es más que suficiente para colmar cualquier paella, su combinación con determinadas verduras crea toda una gama de nuevas paellas muy a tener en cuenta en recetarios arrociles como el que aquí se presenta.

En realidad, basta tener *buena mano* para el arroz —que no todo el mundo la tiene— para realizar una infinita variedad de paellas basadas en el binomio marisco-verduras. Tampoco deberá faltar, claro está, una cierta dosis de ingenio, ocurrencia y buen gusto. No es cosa de mezclar por mezclar, también hay que acertar.

Ha de entenderse bien que en las paellas que reúnen estos dos tipos de ingredientes, el sabor de fondo, el sabor de gobierno, debe ser el del marisco, o más exactamente, el del pescado proveniente del caldo empleado. Si centráramos la atención gustativa en el sabor de las verduras anularíamos por completo la función del marisco, por lo que sería mejor hacerla directamente de aquellas y evitar el gasto que supone el marisco.

INGREDIENTES BASE
1 kg de arroz
caldo de pescado
1 bote de tomate natural triturado
1 ajo puerro, 1 cebolla
Perejil, 1 vaso de Fino
1 cucharadita de pimentón dulce
1 limón, 3 sobres de azafrán
aceite de oliva, sal

INGREDIENTES ESPECÍFICOS
1 kg de gamba fresca
300 g de coles de Bruselas
200 g de coliflor
200 g de judías verdes

- Se quitan las cabezas de las gambas y se pelan las colas. Estos desechos se machacan un poco y se añaden al caldo de pescado.
- En la paellera con aceite se saltean ligeramente las colas de las gambas peladas con unas pizcas de sal y una cucharadita de perejil picado fino, y se reservan.
- En el mismo aceite, añadiendo un poco más si es preciso, se hace un sofrito con el ajo puerro (sólo la parte blanca) y la cebolla.
- Al poco de comenzar el sofrito se agregan las coles de Bruselas; minutos después las judías verdes y finalmente la coliflor troceada a mano.
- Cuando el conjunto de ingredientes esté a medio pasar y un poco dorado, se añade la cucharadita de pimentón dulce con cuidado de que no queme y finalmente el vaso de Fino y se deja reducir en sus tres cuartas partes.
- Se añade el tomate natural triturado y se revuelve sin parar unos 4 minutos.
- A continuación se agrega caldo hasta la mitad de la altura de las asas y se deja cocer hasta que también se evapore prácticamente en su totalidad.
- Se echa el arroz y se rehoga a conciencia con todos los vegetales.
- Se aporta caldo de pescado muy caliente, junto con el azafrán tostado, machacado y desleído en un poco de éste y el zumo de 1 limón exprimido directamente sobre la paella, comprobándose de sal.
- Se deja cocer de 12 a 15 minutos, colocando las colas de gamba por encima del arroz a media cocción.
- Se retira del fuego y tras un reposo de unos 12 minutos se sirve.

48 | Paella langostada

Si el marisco es a la gastronomía lo que las piedras preciosas a la joyería, la langosta es al marisco lo que el diamante a las piedras preciosas.

Este gran crustáceo decápodo de aspecto aparatoso está relleno de una carnosidad inigualable en sabor marino. Su peso normal ronda los dos kilos y su precio nos limita, por desgracia, a consumirla en contadas ocasiones. La langosta más apreciada, sin género de dudas, es la del Cantábrico, que tiene que pasarse la vida luchando contra las bravas aguas de este mar. Las africanas o las caribeñas, sin entrar en chauvinismos, son bastante peores, aunque aceptables a efectos paelleros.

Hay muchas formas de preparar la langosta: sencillamente a la parrilla (¡inmejorable!), a la americana, a la parisina, Thermidor, Bellevue... Puede que alguien llegue a tener reparos en *tirar* una langosta en una paella y sólo de verla diga ¡nos la comemos como está y en paz! Pero, tenga en cuenta el exaltado egoísta, que si la comieran así, cual está, comerían dos personas, y de esta otra forma la disfrutarán 8 personas.

Existe, por otro lado, un error bastante generalizado y es pensar que por poner una hermosa langosta en una paella, ésta ya va a ser la delicia del siglo. Sin embargo, vale más que sepa ya, de antemano, para no realizar un verdadero derroche presupuestario sin sentido, que la langosta, por sí sola, con un poco de agua y arroz, no cunde tanto como para lograr el sabor que se le exige a una paella de marisco o, más especialmente, a una paella langostada, como es el caso presente. No nos olvidemos jamás del caldo.

Y una nota *humanitaria* final. Aunque se recomiende echarla a cocer o trocearla salvajemente mientras que está viva, no perderemos nada por darle un final caritativo dejándola sencillamente una hora en agua del grifo, donde perderá dulcemente la consciencia y podremos pasar a darle el correspondiente tratamiento culinario sin remordimientos. Pero eso sí: ¡hay que comprarla viva y coleando!

INGREDIENTES BASE	INGREDIENTES ESPECÍFICOS
1 kg de arroz	1 langosta de apxox. 2 kg
caldo de pescado	2 pimientos italianos
1 bote de tomate natural triturado	
4 dientes de ajo	
1 copa de brandy	
1 cucharadita de pimentón dulce	
3 limones	
3 sobres de azafrán	
aceite de oliva, sal	

- Se corta la langosta en varios trozos de forma transversal al eje de simetría por los juegos del caparazón y la cabeza longitudinalmente.
- En la paellera con aceite se sofríen los pimientos cortados en aros y se espolvorean al final con sal gorda y se reservan.
- En el mismo aceite se sofríen los trozos de langosta hasta que estén dorados.
- Se añaden los ajos finamente picados, se revuelve y antes de que lleguen a dorar del todo se incorpora el tomate natural triturado, dejándose hacer unos 5 minutos, con la adición al final del pimentón dulce.
- Se echa una copa de brandy, se flambea y se deja reducir.
- Se agrega el arroz y se rehoga a conciencia hasta homogeneizar los ingredientes.
- Se incorpora el caldo, junto con el azafrán tostado, machacado y desleído en un poco de éste, así como el zumo de un limón exprimido directamente sobre la paella y se cuece de 12 a 15 minutos, comprobándose de sal.
- Cuando esté a punto de terminar la cocción se colocan con gusto por encima las tiras del pimiento verde que teníamos reservado.
- Se retira del fuego para terminar de decorar la paella con la mitad de un limón colocada justo en el centro y el resto en rodajas distribuidas por los bordes o pinzadas en éstos. Se deja reposar unos 12 minutos y se sirve.

49 | Paella de gulas y salmón ahumado

Como hoy en día es realmente difícil permitirse el lujo de comprar angulas, la industria alimentaria ha creado un sucedáneo que, aunque algo distante del sabor original de estos cotizadísimos pececillos, nos permite hacernos una idea de lo que son. Las gulas, para sorpresa seguramente de muchos, no son peces pequeños. En realidad son *espaguetis* de pescado. Se elaboran utilizando algún pescado que abunde —normalmente suele ser abadejo—, y tras quitarle la piel, cabeza, espinas, aletas, etc. se deja solo la carne, la cual se amasa, se adereza con gelatina y algunas otras sustancias, para después, mediante un proceso industrial, convertirla en una especie de fideos blanquecinos, alargados, que imitan la forma de las angulas. El proceso es el mismo que para fabricar la pasta tradicional, pero en lugar de emplear cereales, se emplea pescado blanco. Esto, unido a la astuta *desprefijación* de la palabra «angulas», son, ni más ni menos, que las gulas.

Las angulas, las verdaderas, son las crías de las anguilas cuando tienen una edad entre dos y tres años. Como la del salmón, la vida de estos peces es agotadora. Nacen en el mar de los Sargazos, recorren miles de kilómetros hasta los ríos europeos o americanos de donde proceden sus padres —tal vez buscando sus raíces— para, cuando llegan a ellos, remontarlos y pasar de 6 a 10 años de su vida (las que no caen en las trampas especiales conocidas como anguileras, claro está). Después, vuelven a bajar los ríos y emprenden el larguísimo camino de regreso hasta el mar de los Sargazos para reproducirse y perpetuar la sabrosa especie.

En curioso observar como en este largo peregrinar realizan el ciclo justamente contrario al de los salmones, quienes nacen en el río, se van a vivir a los mares, y vuelven a reproducirse y morir en los ríos. En esta paella los encontraremos excepcionalmente reunidos simbólicamente en buena armonía culinaria.

INGREDIENTES BASE	INGREDIENTES ESPECÍFICOS
1 kg de arroz	300 g de gulas
caldo de pescado	½ kg de salmón ahumado
5 dientes de ajo	1 lata de guisantes
1 guindilla	
unas ramitas de perejil	
aceite de oliva, sal	

- En la paellera con aceite se sofríen los ajos cortados en láminas junto con la guindilla entera.
- Al empezar a dorar los ajos se le añaden las gulas, se saltea todo ello un minuto aproximadamente y se reserva.
- En el mismo aceite se echa el arroz y se rehoga bien junto con unas ramitas de perejil picado muy fino, hasta que el arroz transparente un poco (unos 3 o 4 minutos, más o menos).
- A continuación se añade el salmón ahumado cortado en tacos y se continúa rehogando un par de minutos más con cuidado de que no se deshaga el pescado.
- Se incorpora el caldo, se pone a cocer de 12 a 15 minutos y se comprueba de sal antes de terminar la cocción (téngase en cuenta el aporte de sal del salmón).
- A media cocción se agrega la lata de guisantes sobre el arroz, en la cantidad que nos parezca oportuna.
- Justo antes de retirar la paella del fuego se colocan las gulas previamente cocinadas al ajillo, que teníamos reservadas, sobre el arroz.
- Se retira del fuego, se decora con unas ramitas de perejil y se sirve tras un período de reposo de unos 12 minutos.

50 | Paella de bacalao con ñoras

La palabra 'ñora' aplicada a la gastronomía procede de un pueblo de Murcia así llamado en donde abunda el cultivo de este tipo de hortaliza.

También conocido como pimiento choricero o pimiento de romesco, se trata de un pimiento de forma redondeada que se consume normalmente seco para condimentar platos y salsas. La más conocida de éstas en las que interviene es la salsa Romescu, de origen catalán, que se hace con ñoras, tomate, cebolla, guindillas y almendras, todo ello asado en una rustidera.

Este tipo de pimiento seco, no demasiado extendido por las cocinas peninsulares, sí lo encontraremos con frecuencia en la cocina mediterránea y más concretamente en la zona levantina, llegando a ser en determinadas zonas, como Alicante y Murcia, ingrediente habitual de muchas paellas. No obstante, la singular paella que aquí se muestra está inspirada en una receta tradicional de bacalao del norte de España: el bacalao a la vizcaína.

INGREDIENTES BASE	INGREDIENTES ESPECÍFICOS
1 kg de arroz	*1 kg de bacalao desalado*
caldo de pescado	*4 ñoras*
1 cebolla	
2 pimientos rojos	
4 tomates	
4 galletas María	
aceite de oliva, sal	

- Se ponen las ñoras a remojo una hora en agua tibia.
- Los tomates se pelan escaldándolos y después se despepitan.
- En la paellera con aceite se sofríe la cebolla picada en fino junto con los pimientos rojos también picados en fino, con unas pizcas de sal por encima.
- A mitad de sofrito se añade medio vaso de caldo de pescado y las ñoras, dejando reducir el conjunto durante unos 6 minutos a fuego mediano.
- A continuación se añade otro medio de vaso de caldo con las galletas María machacadas, volviendo a dejar reducir todo unos 8 minutos más.
- Con la ayuda de un cazo se pasa todo el sofrito que se pueda al pasapurés, exceptuando las ñoras, que se dejarán en la paellera.
- Una vez pasado por el pasapurés lo devolvemos a la paellera, añadiendo después el caldo de pescado.
- Cuando éste rompa a hervir, se incorpora el arroz y el bacalao desmenuzado, se prueba de sal y se cuece unos 15 minutos.

- Se retira del fuego, se decora colocando simétricamente las ñoras y tras un reposo de unos 12 minutos se sirve.

51 | Paella de salmonetes y algas

Las algas constituyen un inmenso grupo de plantas simples clorofílicas, es decir, que al disponer ellas mismas de la clorofila necesaria para la fotosíntesis pueden elaborar su propio alimento. Este género de plantas, conocidas científicamente como talofitas, van desde las unicelulares, microscópicas, hasta ejemplares gigantescos e invasores que pueden llegar a medir cientos de metros.

La importancia de las algas para el hombre es enorme, aunque por el momento de una forma indirecta. Constituyen la fuente de alimentación indispensable para infinidad de animales acuáticos que, a su vez, forman parte de la dieta no menos indispensable del hombre. El aprovechamiento más directo de las algas hoy en día es en forma de productos aditivos alimentarios, especialmente en repostería (para hacer pasteles y merengues, para endurecer los helados) y también para elaborar algunos productos farmacéuticos, como los laxantes. Las algas han hecho sus primeras incursiones culinarias a través de las cocinas orientales, en donde se solían y suelen consumir deshidratadas. Con los años —mejor dicho, con los siglos—, van apareciendo tímidamente por el mundo occidental de la mano de los incontables restaurantes orientales que pueblan el globo terráqueo.

Un punto final de atención sobre este tipo de vegetal: existe una variedad en el mercado conocida como «algas de medusas» que se comercializan como si realmente fueran algas. Lo cierto es que lejos de serlo, lo que son es una extravagancia más de la comida china hecha de tiras de medusas en salazón. Puede que queden muy pintorescas en una sopa de aleta de tiburón o en un arrollado de arroz con *sushi* (pescado crudo), pero en una paella ¡ni hablar!

INGREDIENTES BASE	INGREDIENTES ESPECÍFICOS
1 kg de arroz	*6 salmonetes medianos*
caldo de pescado	*1 lata de algas*
2 puerros grandes	
4 ajos	
4 tomates	
aceite de oliva, sal	

- Se cortan los salmonetes en lomos (es preferible pedir que nos lo hagan en la pescadería al comprarlos) y se aprovechan los restos de los mismos para el caldo.
- En la paellera con aceite se doran a fuego fuerte los lomos con la piel para abajo en los que se habrán practicado dos cortes para evitar que se retuerzan y se reservan.
- En el mismo aceite y un poco más se sofríen los puerros (solamente la parte blanca) finamente picados junto con los ajos.
- Se añaden los tomates pelados, sin pepitas y cortados en láminas y se rehogan unos 5 minutos.
- A continuación se agrega el arroz rehogándolo a conciencia con el tomate.
- Se incorpora el caldo de pescado junto con el líquido de la lata de algas, se aporta la sal y se cuece de 12 a 15 minutos. Téngase bien presente la sal que aportará este líquido.
- Unos 3 minutos antes de terminar la cocción se disponen sobre el arroz los lomos de salmonete con la piel hacia arriba y las algas previamente escurridas.
- Se retira del fuego, se deja reposar 12 minutos y se sirve.

52 | Paella de centollo

El centollo es otro de los mariscos aristocráticos de gran porte y distinción, como lo son la langosta y el bogavante. En realidad se trata de un cangrejo (*Maia squinado*) de enormes dimensiones, con alguna diferencia con los comunes de mar como lo es, aparte de su tamaño, el hecho de tener un caparazón quintinoso, con pinchos y pelos, y normalmente cubierto de algas que le sirven como medio de camuflaje, aunque de poco le valen frente a las artes de su más enconado enemigo, el cocinero.

Los angloparlantes, siempre escasos de vocablos, lo llaman «cangrejo araña» (*spider crab*) o «araña de mar» (*sea spider*), aprovechando de una forma muy poco atinada su parecido con horrorosas arañas gigantes.

En el mundo centollil existen dos categorías, dos calidades, a tener muy presentes: el centollo del Cantábrico, considerado como de excelente e insuperable calidad, y el conocido como centollo francés, o dicho más claramente, el centollo que se captura en las aguas de la costa atlántica europea. Cómo diferenciar entre uno y otro —entre el gato y la liebre— en este caso es fácil: basta tocar con los dedos la punta o la uña de sus patas. El centollo del Cantábrico las tiene romas, gastadas de tanto luchar con el mar bravío en el que vive, de agarrarse a las rocas para no ser arrastrado por el oleaje, mientras que el comodón centollo francés las tiene más afiladas, muestra inequívoca de no haber dado un palo al agua en toda su vida.

Y todavía dentro de este universo *centollil* hay otro matiz de calidades: son indiscutiblemente mejores las centollas.

INGREDIENTES BASE
1 kg de arroz
agua
1 bote de tomate natural triturado
1 cebolla grande
1 cucharadita de pimentón dulce
2 guindillas, 2 limones
3 sobres de azafrán
aceite de oliva, sal

INGREDIENTES ESPECÍFICOS
1 centollo del Cantábrico
½ kilo de mejillones

- Se separa el carro del cuerpo del centollo introduciendo un cuchillo por la parte posterior del mismo con cuidado de no desperdiciar los jugos. Se aprovecha bien todo lo comestible, desechando la cáscara y las branquias. Se cortan todas las partes a golpe de cuchillo incluyendo las patas por las articulaciones.
- Se lavan los mejillones y se abren con un hervor.
- En la paellera con aceite se dora la cebolla picada fina con unas pizcas de sal.
- Se añaden las guindillas y la cucharadita de pimentón dulce y se mezcla bien con cuidado de que no queme.
- Se agrega el tomate natural triturado y los trozos de centollo con sus jugos y se rehoga en su conjunto durante unos 5 minutos.
- Se aporta agua caliente hasta la mitad de la altura de las asas y se deja a fuego medio hasta que reduzca por completo.
- Se sacan los trozos de centollo de la paellera y se les extrae toda la carne devolviéndola completamente limpia a la paella.
- Se incorpora el arroz y se rehoga a conciencia durante unos 5 minutos.
- Se aporta agua hirviendo y el azafrán tostado, machacado y desleído en un poco de ésta junto con el zumo de un limón, se comprueba de sal y se cuece de 12 a 15 minutos.
- A media cocción, más o menos, se dispondrán los mejillones con una sola valva clavados en el arroz formando dos círculos concéntricos.
- Se retira del fuego, se decora con el limón restante cortado en rodajitas que se pinzarán sobre los bordes de la paellera y se sirve tras un reposo de 12 minutos.

53 | Paella de almejas al pisto

La almeja, que todos conocemos bien, es un molusco lamelibranquio con valvas casi ovales afín a las ostras y los mejillones. Decimos esto porque, en virtud de dicha similitud, todavía en el siglo XIX se creía que los mejillones eran almejas y que, además, eran las de mejor calidad. Eran los tiempos en los que la cocina empezaba a despertar a su era moderna, aunque todavía relegada a un lugar sombrío del conocimiento. Se pensaba, por entonces, que las almejas eran un manjar que se digería bien en crudo, pero que arrastraban a una fatídica digestión una vez guisadas. Hoy, por contra, se sabe que el riesgo radica en comerlas crudas, pues de no estar absolutamente frescas, nos exponemos a unas indigestiones terroríficas.

Por su bajo precio —las costas rebosaban de estos bivalvos— eran comida de pobres, como también lo eran en tiempos la langosta y el salmón. Lo cierto es que como había tantos pobres, de la abundancia se pasó a una escasez cada vez más preocupante. Todas las pescaderías reflejan con claridad que la pobreza tuvo que llegar a ser realmente dura, viendo los cartelillos de los precios ensartados sobre las bolsas de almejas.

En esta paella, no obstante lo dicho, es condición *sine qua non* el empleo de almejas de la máxima calidad, la «babosa», por ejemplo. Si no pudiéramos conseguir ésta u otra de calidad similar, mejor recurrir a otra paella combinada con otros mariscos.

INGREDIENTES BASE	INGREDIENTES ESPECÍFICOS
1 kg de arroz	*800 g de almeja de la mejor calidad*
caldo de pescado	
½ media berenjena	
½ calabacín, 1 cebolla	
1 pimiento verde	
4 dientes de ajo	
2 tomates maduros, 1 limón	
1 cucharadita de pimentón dulce	
3 sobres de azafrán	
1 rama de perejil	
aceite de oliva, sal	

- Se lavan las almejas con agua fría corriente durante un par de minutos y se reservan.
- En la paellera con aceite se prepara el pisto de la siguiente forma: se sofríe primero la cebolla picada fina durante unos 5 minutos con

unas pizcas de sal. Se añade el ajo y el pimiento verde picados también en fino, rehogándose unos tres minutos. Se agrega la berenjena pelada, el calabacín, los tomates cortados en dados y se deja a fuego lento otros diez minutos (si es necesario se machaca todo con una cuchara o un tenedor para no encontrar luego tropiezos del pisto, ya que éste sólo debe dejar el sabor).

- Sobre este pisto, que habrá quedado notablemente reducido en volumen, se incorpora el arroz y se rehoga muy bien hasta que quede una masa homogénea.
- Se añade el pimentón dulce y se rehoga a conciencia.
- Se agrega ya el caldo, con el azafrán tostado, machacado y desleído en un poco de caldo, el zumo de 1 limón exprimido directamente sobre la paella, las almejas uniformemente distribuidas por toda la superficie y se cuece de 12 a 15 minutos.
- Se retira del fuego, se espolvorea con perejil picado muy fino y, tras un reposo de unos 12 minutos, se sirve.

54 | Paella de pescados azules

Los pescados azules, conocidos también como pescados grasos o neríticos, son aquellos cuyo contenido en grasa supera el 5 por ciento. A diferencia de los pescados blancos, que viven en zonas profundas y realizan pocos desplazamientos en su acuática vida, los pescados azules suelen corresponderse con especies que llevan una vida muy ajetreada y llena de vicisitudes, lo cual les hace tender a acumular grasa. En este grupo están, entre otros, el atún y el bonito, las sardinas, anchoas, caballas y la mayoría de los peces de río, como la trucha, el salmón y la anguila, ésta última acreedora del primer puesto en la clasificación de pinguosidad de todos los peces, llegando a alcanzar hasta el 26 por ciento de contenido en grasa.

Hablando de pescados azules no podemos dejar de mencionar aquí la conocida paradoja de la evolución de la ciencia de la nutrición —la «trofología», dicho de una forma sumamente técnica—, que consideraba no hace mucho a este tipo de pescado como un alimento terriblemente perjudicial para las personas con problemas de colesterol, mientras que hoy se sabe que, en realidad, lo que tienen es un alto contenido en ácidos grasos poliinsaturados que ayudan a bajar de forma considerable el colesterol LDL o colesterol malo, e incluso los triglicéridos. Con esta nueva perspectiva científica del asunto, ahora resulta que cuanto más graso sea el pescado, más beneficioso será, cardio-vascularmente hablando.

Esta paella no utiliza caldo como lo hacen casi todas las recetas de este libro, de acuerdo con la regla de que los sabores de este tipo de guiso se obtienen casi por completo gracias al aporte de caldo. La excepción obedece a que el bonito proporciona por sí solo ya tal cantidad de sabor a mar que enriquecerlo con más aromas marineros podría dar como resultado un sabor excesivamente pescadero (en el sentido menos favorable de la palabra).

INGREDIENTES BASE	INGREDIENTES ESPECÍFICOS
1 kg de arroz	*1 caballa*
agua	*2 chicharros*
1 cebolla grande	*300 g de bonito o atún fresco*
1 berenjena	
1 calabacín	
1 bote de tomate natural triturado	
3 sobres de azafrán	
1 rama de perejil	
aceite de oliva, sal	

- En la paellera con aceite se dora la cebolla picada finamente con unas pizcas de sal.
- Se añade el calabacín y la berenjena (pelada) cortada en dados de aproximadamente 1 centímetro y se rehoga a fondo. Se agrega el tomate natural triturado y se deja reducir durante unos 10 minutos.
- A continuación se incorpora la caballa y los chicharros limpios y cortados en rodajas, así como el bonito o el atún troceado en dados de 2 centímetros y se rehoga un par de minutos con la salsa creada.
- Se aporta agua en doble cantidad y un poco más de la cantidad de arroz que se va a usar y se deja a fuego fuerte hasta que rompa a hervir.
- En este momento se le incorpora el arroz con el azafrán tostado, machacado y desleído en un poco de líquido, se comprueba y rectifica, en su caso, de sal y se deja cocer unos 15 minutos.
- Se retira del fuego, se decora con una rama de perejil grande colocada en el centro y, tras un reposo de 12 minutos, se sirve.

55 | Paella de chipirones, langostinos y espárragos

El chipirón no es más que un calamar de pequeño tamaño. El término parece provenir de la zona cantábrica, probablemente del vasco 'txipiroi', que derivó en chipirón, como se le conoce ya en todas partes, aunque también se pueda encontrar a veces como choco en Galicia, jibión en Cantabria o chipirua en San Sebastián.

Los chipirones, que también se prestan a muchos guisos, en su tinta, rellenos, plancha, fritos etc., son un molusco coqueto y muy agradecido en todas las paellas, que acompaña de forma sabrosa y sustancial tanto a otros mariscos como a verduras.

Esta paella, que respeta escrupulosamente el precepto de no superar los tres ingredientes —nuestra particular regla de Bodoni (véase la primera parte del libro)—, combina con sabiduría la suavidad del molusco con el sabor fuerte marisquero de los langostinos, cerrando el círculo gustativo con los espárragos trigueros.

Al ponernos con esta receta recordemos dos puntos clave: los langostinos no se deberán freír demasiado (vuelta y vuelta rápida a buen fuego), mientras que los chipirones, moluscos agradecidos, alcanzarán su estado óptimo justo al final del reposo de la paella.

INGREDIENTES BASE	INGREDIENTES ESPECÍFICOS
1 kg de arroz	16 chipirones
caldo de pescado	8 langostinos
1 pimiento verde, 3 dientes de ajo	8 espárragos trigueros
1 bote de tomate natural triturado	
1 limón, 1 vaso de vino Fino	
1 cucharadita de pimentón dulce	
3 sobres de azafrán	
aceite de oliva, sal	

- En la paellera, con aceite, se fríen los espárragos trigueros añadiéndoseles un puñadito de sal gorda por encima en el último momento; se retiran y reservan.
- En el mismo aceite se fríen los langostinos hasta que estén dorados (vuelta y vuelta, sin pasarlos demasiado) con unas pizcas, también, de sal gorda por encima. Se retiran e, igualmente, se reservan.
- En el aceite un poco ennegrecido que ha quedado, añadiendo un poco más si es preciso, se hace un sofrito con el pimiento verde y los ajos picados en fino.
- Al poco de empezar el sofrito se incorporan los chipirones limpios enteros y se rehogan un minuto, agregándose la cucharadita de pimentón dulce en el último momento.
- Se añade el vaso de vino Fino, más bien abundante, y se deja cocer a fuego medio, revolviendo con frecuencia, hasta que se evapore.
- Se añade el tomate natural triturado y se sigue rehogando 3 minutos más.

132

- Se echa el arroz y se revuelve todo a conciencia, hasta conseguir una masa rojiza homogénea.
- Finalmente se le agrega el caldo de pescado, junto con el azafrán tostado, machacado y desleído en un poco de éste, así como el zumo de un limón exprimido directamente, se comprueba de sal y se deja cocer de 12 a 15 minutos.
- 5 minutos antes de terminar la cocción se colocan con creatividad los langostinos y los espárragos por toda la superficie (en forma radial, alternándolos, por ejemplo).
- Se deja reposar unos 12 minutos y se sirve.

56 | Paella de caviar de oricios (erizos de mar)

Caviar, lo que se dice caviar, son las huevas del esturión bien sean frescas o convenientemente tratadas y envasadas. La principal producción de este aristocrático objeto de deseo está en Rusia y en Irán. Dentro del caviar existen varias clases: el de malossol, caviar ruso muy poco salado; el de asetra, de color un poco dorado, con un ligero sabor a nuez; el imperial, que estaba reservado casi por entero para el Sha de Persia; el de beluga, que es el más conocido y más apreciado además, y, en fin, otras variedades más que nos dirán bastante poco al común de los mortales.

En otro orden menos noble nos encontramos con los sucedáneos de caviar, que son las huevas de otros pescados pero tratadas de la misma forma que el caviar auténtico, siendo los más conocidos los del lumpus y los del salmón, conocido como Keta.

Y en otro orden —más localista, esta vez— nos encontramos con lo que se conoce en Asturias y en otras zonas del norte peninsular como *caviar de oricios*; esto es, las huevas de los erizos de mar. Se trata de una conserva que encierra un golpe salvaje de mar que estalla en nuestras papilas gustativas, como lo hacen contra la costa las olas de estas aguas bravías.

Una paella *pintada* con este tesoro gastronómico es un placer que debemos probar al menos una vez en nuestra vida. Es una de las mejores paellas de este recetario, una paella auténticamente cantábrica.

1 kg de arroz
caldo de pescado
1 pimiento verde
3 dientes de ajo
1 bote de tomate natural triturado
2 limones
1 cucharadita de pimentón dulce
½ cucharadita de pimentón picante
3 sobres de azafrán
aceite de oliva, sal

2 latas de caviar de oricios (erizos
de mar)
1 kg de mejillones
½ kg de langostinos
1 pimiento rojo grande

- Se limpian los mejillones y se abren al vapor. Se les quita una cáscara a todos menos a 8 y se reservan, añadiendo el agua que sueltan al caldo de pescado.
- Se diluyen las 2 latas de caviar de oricios en un poco de caldo.
- Se pelan los langostinos y se les quita la cola, usando los despojos para el caldo.
- En la paellera se fríe el pimiento rojo cortado en tiras alargadas y se reserva.
- En el mismo aceite se saltean las colas de langostino y se reservan.
- A continuación se hace un sofrito con el pimiento verde y el ajo y cuando esté todo pochado, se incorpora el arroz y se revuelve vigorosamente, añadiéndose en el último momento las cucharaditas de pimentón dulce y el picante teniendo la precaución de que no queme.
- Se añade el tomate natural y se sigue rehogando unos 4 minutos.
- Se agrega el caldo de pescado y las colas de langostino junto con el azafrán tostado, machacado y desleído en un poco de caldo, así como un limón exprimido directamente sobre la paella y se pone a cocer de 12 a 15 minutos, comprobándose de sal.
- A mitad de la cocción, se clavan los mejillones de una sola cáscara en vertical alrededor de la paella formando dos círculos concéntricos, uno pegado al borde de la paellera y el otro hacia la mitad. En el centro se colocan, también en círculo, y recostados, los 8 mejillones con las dos cáscaras.
- 2 minutos antes de terminar la cocción se aplica con una cucharilla la pasta de caviar de oricios sobre toda la superficie de arroz, formando una fina película.
- Se retira del fuego, se decora con las tiras de pimiento rojo en forma radial y varias rodajitas de limón y, tras 12 minutos de reposo, se sirve.

57 | Paella marinera

Si hay un producto que relacionamos de forma inmediata con la mar y sus gentes es la merluza. En España, además, es el pescado patrio por antonomasia, el centro de atención de toda pescadería. Para poder considerar una merluza como tal, deberá pesar al menos dos kilos y medio. De no ser así estaremos hablando de pescadas, que son las medianas o de pescadillas, las más pequeñas. Las más apreciadas son las del Cantábrico, especialmente las pescadas con anzuelo, conocidas como «merluzas de pincho».

El *merluccius*, —simpático nombre científico para un pez o para cualquier cosa— es un voraz depredador que habita los fondos oceánicos en terroríficas *pandillas* cuya principal debilidad son los arenques, los calamares y las sardinas a quienes tienen amargada la existencia. Obsérvese que se ha tenido la precaución de no poner ninguno de estos ingredientes en esta receta, por lo que pudiera pasar.

La carne de este pez es multiusos, se presta dócil, mansa y deliciosa a casi todo despropósito culinario, hasta los de los tétricos laboratorios —¡mazmorras, habría que decir!— de la *haute cuisine*. En la paella, sin torturarla demasiado, sólo habrá que tener cuidado de no dejarla muy hecha, de ahí que el plato se haga con trozos más bien grandes.

INGREDIENTES BASE
1 kg de arroz
caldo de pescado
1 cebolla
3 dientes de ajo
unas ramitas de perejil
pimienta negra molida
nuez moscada
un puñadito de almendras
un vaso de vino blanco seco
1 bote de tomate natural triturado
½ cucharadita de pimentón dulce
½ cucharadita de pimentón picante
1 guindilla, sal

INGREDIENTES ESPECÍFICOS
1 kg de merluza
400 g de almejas
300 g de guisantes

135

- Se lavan las almejas en un chorro de agua fría durante un par de minutos y se reservan.
- Se hace un sofrito con la cebolla picada muy fina.
- Cuando esté bien pochado se le agrega la guindilla junto con el pimentón dulce y el picante con cuidado de que no queme y a continuación la merluza cortada en trozos más bien grandes y regulares y se rehoga un poco (1 o 2 minutos) añadiendo un poco de pimienta negra molida directamente sobre la paellera.
- Se añade el vaso de vino blanco seco, un poquito de nuez moscada en especie y se deja unos minutos a fuego vivo hasta que se evapore.
- Se agrega el tomate natural triturado y se rehoga durante un par de minutos.
- Se hace un majado con 3 dientes de ajo, perejil, unas almendras (15 aproximadamente) y el azafrán en hebra, y se incorpora a la paella, rehogando unos minutos más.
- Se echa el arroz y se sigue removiendo hasta que absorba los sabores creados.
- Se aporta el caldo, un limón exprimido directamente sobre la paella, las almejas y, poco después, los guisantes (congelados o de lata), dejándose cocer de 12 a 15 minutos y comprobándose de sal.
- Se retira del fuego, se decora con unas ramitas de perejil y, tras un reposo de 12 minutos, se sirve.

58 | Paella de raya con cangrejos de mar

Los científicos se han ensañado con este animal de aspecto ridículo definiéndolo como un pez condrictio, del género de los plagióstomos y perteneciente al orden de los batoideos (¡parece una tribu!) que posee espiráculos, escamas placoides, esqueleto cartilaginoso y cinco aberturas branquiales. Después de oír esto, a ver quien la pone en el plato.

Y sin embargo, la raya es un pez realmente desaprovechado en la gastronomía española —no así en la lusitana—, con unas cualidades nutricionales y de sabor nada desdeñables. Su paladar es nítido y original y, a no ser que contemos todo lo que sabemos del párrafo anterior, gustará a todo el mundo.

Antiguamente era uno de los pocos pescados que se podían comer frescos lejos de los puertos de mar durante el verano, puesto que tiene una carne tan dura que necesita de al menos tres días de reposo para su consumo. Es por este motivo por lo que la raya muchas veces es más popular en Madrid y en otras provincias castellanas que en las mismas poblaciones litorales.

Algo parecido a lo que ocurría con el bacalao, que en salazón podía llegar a cualquier lugar sin menoscabo de su calidad.

INGREDIENTES BASE
1 kg de arroz
caldo de pescado
un vaso de vino Manzanilla
1 limón
1 cucharadita de pimentón dulce
sal
un majado hecho con:
3 sobres de azafrán en hebra, 3 dientes
de ajo, una cucharadita de cominos,
una cucharadita de perejil picado, ½
cucharadita de mejorana,
unas pizcas de sal

INGREDIENTES ESPECÍFICOS
1,5 kg de raya en filetes
8 cangrejos de mar
300 g de gamba arrocera
1 pimiento rojo

- Se le quitan las cabezas a las gambas, se pelan y se reservan, añadiendo los restos, un poco machacados, al caldo de pescado.

- En el mortero se prepara un majado con 3 sobres de azafrán en hebra, 3 dientes de ajo, la media cucharadita de cominos, una cucharadita de perejil picado, ½ cucharadita de mejorana y unas pizcas de sal.

- En la paellera con aceite se fríe el pimiento rojo cortado en tiras alargadas, añadiéndole al final unas pizcas de sal gorda; lo retiramos y reservamos.

- En el mismo aceite sofreiremos los filetes de raya cortados en trozos medianos (sólo vuelta y vuelta), añadiéndole al poco de empezar los cangrejos de mar partidos a la mitad.

- Al cabo de un par de minutos, cuando los cangrejos empiezan a enrojecer, se añade un vaso de vino Manzanilla y se mantiene a fuego fuerte unos minutos hasta que prácticamente se evapore.

- Se agrega el arroz, se rehoga bien con cuidado de no estropear los trozos de pescado y de marisco y, en el último momento, se le añade una cucharita de pimentón dulce.

- Se incorpora el caldo de pescado y las colas de gamba, junto con el majado que se tenía preparado y el zumo de 1 limón y se deja cocer de 12 a 15 minutos, realizando las oportunas comprobaciones de sal.

- Se retira del fuego, se decora con las tiras de pimiento rojo según el gusto de cada uno y se sirve tras un reposo de unos 12 minutos.

59 | Paella rosa de colas de langostino

Tradicionalmente nos podemos encontrar con paellas blancas, amarillas o negras. Pero si un día queremos poner una nota de color y originalidad ante nuestros invitados, les presentaremos una relumbrante «paella rosa». Pudiera parecer que se trata de una paella femenina, o afeminada, aún sabiendo que se trata éste de un guiso históricamente hombruno, como se explicó en la introducción de este libro. El caso es que, tómese como se tome, nos hallamos ante una paella de un gusto especialísimo y sorprendente.

El secreto de esta receta es el líquido de la conserva de la remolacha, el cual proporciona ese color rosáceo que da nombre a la paella, así como un agradable sabor un poco dulce y misterioso.

Esta planta hortícola procede de la zona sur de Europa que va desde el Mediterráneo occidental hasta el mar Caspio, y ya se cultivaba en el siglo III antes de Cristo. Existen tres variedades principales: la remolacha azucarera, de la que se empezó a extraer el azúcar en el siglo XVIII; la forrajera, para la alimentación de los animales y la remolacha de mesa, que es la que se utiliza en cocina.

Para una paella con este grado de refinamiento hemos elegido la compañía de unas colas de langostino peladas y unas discretos tiras de pimiento verde que aportarán la delicadeza que requiere la ocasión. Hay veces que no resulta apropiado mancharse las manos, y ésta es una de ellas.

INGREDIENTES BASE	INGREDIENTES ESPECÍFICOS
1 kg de arroz	15 langostinos
caldo de pescado	3 pimientos verdes
4 dientes de ajo	1 bote de remolacha cocida
unas ramitas de perejil	
1 vaso de vino rosado seco	
1 limón	
1 cucharadita de pimentón dulce	
aceite de oliva, sal	

- Se quita la cabeza de los langostinos y se pelan, añadiendo los restos un poco machacados al caldo de pescado.
- Se pican los ajos, se cortan los pimientos verdes en tiras y se sofríen en la paellera junto con las colas de langostino.
- A medio sofrito se añade una cucharada de perejil picado y se sigue sofriendo incorporando al final la cucharadita de pimentón dulce con cuidado de que no queme.

- Se echa el vaso de vino rosado seco y se deja pasar hasta que se evapore en su mayor parte.
- Se incorpora el arroz y se rehoga bien, con cuidado de no romper las colas de langostino.
- Se añade todo el líquido del bote de remolacha cocida y se sigue rehogando hasta uniformar el color rosa en todo el arroz.
- A continuación, se agrega el caldo de pescado con el zumo de un limón exprimido directamente y se cuece de 12 a 15 minutos, comprobándose de sal.
- 3 minutos antes de finalizar la cocción, se colocan varias rodajas de la remolacha sobre el arroz (al gusto).
- Se retira del fuego, se decora con varias ramitas de perejil sembradas en el arroz, según la creatividad de cada uno y, tras un reposo de unos 12 minutos, se sirve.

60 | Paella de bacalao y coliflor

El bacalao, este importantísimo pez gadiforme ha constituido durante siglos la base de la economía de la costa Este de Canadá y el norte de Estados Unidos. Su gran abundancia en todas las estaciones del año, su considerable tamaño, que hacía enormemente rentable la pesca con anzuelo, junto con su fácil conservación en salazón, lo convirtieron en la presa ideal de los pescadores de la zona. Ya sobre el año 1600 había centenares de barcos bacaladeros que faenaban en las aguas del Atlántico noroccidental, continuándose en las mismas, y con bastante más intensidad, a fecha de hoy.

De siempre el bacalao ha sido un pescado tradicional del mundo anglosajón. Baste con tener en cuenta que en cualquier restaurante de Gran Bretaña, por ejemplo, podemos pedir sencillamente *fish* (pescado) y nos pondrán un hermoso filete de bacalao sin pedir más aclaraciones. Piénsese en la reacción del camarero español al que se le pidiera con toda naturalidad: «póngame pescado».

En los últimos años ha florecido en el norte de Europa una suerte de rudimentaria gastronomía que gira en torno al bacalao y otros productos de la misma procedencia septentrional. La llaman, pretenciosamente, «cocina ártica», una especie de reacción acomplejada y envidiosa de los cocineros vikingos, que no acaban de asimilar el fin de su glorioso pasado conquistador (¡y devastador!).

En los sureños países católicos, el bacalao tiene una historia más bien vinculada a la mortificación cuaresmal. Afortunadamente, en la actualidad se ha conseguido arrebatarlo al clero y hoy se cocina con libertad de culto en todos los rincones y épocas del año.

La paella de bacalao con coliflor es una de las más ampliamente difundidas en los recetarios paellísticos, aunque en muchos lugares no se haya oído hablar de ella jamás.

INGREDIENTES BASE
1 kg de arroz
caldo de pescado
4 dientes de ajo
unas ramitas de perejil
1 bote de tomate natural triturado
1 limón
1/2 cucharadita de pimentón dulce
1/2 cucharadita de pimentón picante
aceite de oliva, sal

INGREDIENTES ESPECÍFICOS
1 kg de bacalao
1 coliflor

- Se desala el bacalao poniéndolo en agua fría por lo menos 12 horas y cambiándole de agua 4 veces.
- En la paellera con aceite se pone a sofreír la coliflor limpia y troceada en ramilletes pequeños.
- A los 3 minutos aproximadamente se le incorpora el bacalao un poco desmenuzado y se sigue rehogando otros 3 minutos más.
- Se añaden los dientes de ajo picados y una cucharada de perejil también picado y se continúa rehogando un par de minutos, con la adición al final del pimentón.
- Se agrega el tomate natural triturado y se rehoga unos minutos.
- Se incorpora el arroz y se mezcla bien con todos los ingredientes hasta obtener una masa rojiza homogénea.
- Se aporta el caldo, junto con el azafrán tostado, machacado y desleído en un poco de éste, así como el zumo de 1 limón exprimido directamente sobre la paella, y se deja cocer de 12 a 15 minutos, realizando periódicas y meticulosas comprobaciones de sal debido a la influencia salada del propio bacalao.
- Se retira del fuego, se decora con una rama de perejil grande y hermosa colocada en el medio en contraste con el fondo amarillo de arroz y se sirve tras 12 minutos de reposo.

61 | Paella del río

El río, no lo olvidemos, también aporta un interesante número de productos de pescadería. No tienen el mismo sabor alegre y yodado del mar, pero sí, en muchos casos, una carnosidad superior a la que nos ofrecen los de mar. Por desgracia para el paladar y por fortuna para la preservación de las especies, casi todos los pescados de río tienen prohibida su comercialización. Esto redunda en una pérdida notoria de sabores, cuando no en una neutralización casi total de los mismos. Pero, en fin, las piscifactorías no dan para más, a no ser que se quiera instalar en ellas parques de atracciones para que las truchas hagan ejercicio y cobren la textura carnosa que tienen sus congéneres en libertad.

Pero consolémonos pensando que hay quien todavía lo tiene peor. Nos referimos a los judíos, quienes, una vez más, tienen prohibido acercase siquiera a esta suculenta paella por el caprichoso Yahvé, que no les dejar comer pescados sin escamas ni aletas, cual es el caso de la simpaticona anguila (están fastidiados con la dichosa comida *kosher*, la única que pueden comer).

Miren, sin embargo, qué diferente lo tuvimos siempre los cristianos. El mismo capitán Cook, por ejemplo, se dio un atracón de toma pan y moja allá por el 1775, en Ciudad del Cabo, durante uno de sus pequeños viajes de exploración planetaria, a base de un guiso de anguilas que llamaban por la zona —con cierto esfuerzo, imaginamos— «Gestoofde aal op zign Voledam» (Anguilas a la manera de Volendam), y hoy es uno de los personajes más gloriosos de la humanidad que seguro descansa feliz en una de las mejores parcelas del Cielo.

INGREDIENTES BASE	INGREDIENTES ESPECÍFICOS
1 kg de arroz	*10 cangrejos de río*
caldo de pescado	*½ kg de anguila*
2 dientes de ajo	*1 perca*
1 ajo puerro	*2 truchas*
unas ramitas de perejil	
1 vaso de vino Fino	
1 limón	
1/2 cucharadita de pimentón dulce	
1/2 cucharadita de pimentón picante	
aceite de oliva, sal	

- Se limpia el pescado, se desechan las cabezas y se corta en tranchas (rodajas) algo gruesas y se reserva.
- En la paellera con aceite, se fríen los cangrejos de río enteros hasta que se pongan rojos, vuelta y vuelta, con unas pizcas de sal. Se retiran y reservan.
- En el mismo aceite se ponen a sofreír los trozos de anguila. Al cabo de unos 5 minutos se les añaden las rodajas de las truchas y la perca y se continúa sofriendo.
- Poco antes de que se vea el final del sofrito, se le añade el ajo puerro, los dientes de ajo y una cucharada de perejil picado todo muy fino con unas pizcas de sal y se continúa rehogando unos minutos hasta que empiece a dorar el ajo.
- Se echan las medias cucharaditas de pimentón dulce y picante y se revuelve sin parar para que no queme.
- Se le agrega el vaso de vino Fino y el zumo de 1 limón y se mantiene a fuego medio hasta que reduzca en una gran proporción.
- Se incorpora el arroz, mezclándose a conciencia con todos los ingredientes durante unos 3 minutos.
- A continuación se aporta el caldo de pescado y se deja cocer de 12 a 15 minutos, comprobándose de sal.
- Poco antes de terminar la cocción se colocan los cangrejos de río en forma radial sobre el arroz.
- Se retira del fuego y se sirve tras un reposo de unos 12 minutos.

62 | Paella de langostinos y berberechos

Los langostinos son uno de los mariscos emblemáticos de la paella nacional. Lástima que sean muchos los que echen a perder este delicado crustáceo cociéndolo primero en agua aparte y volviéndolo a hacer después durante toda la cocción del arroz. En total, se acaba cociendo más de 20 minutos, mientras que lo reglamentario es que lo haga apenas 3 o 4 minutos. El langostino, que es al natural grisáceo, se pone de color rosa cuando está cocido y esto se ve que sucede en apenas dichos minutos.

La mejor forma de tratar el langostino en paella es freírlo vuelta y vuelta al principio en la misma paellera y retirarlo con un puñadito de sal, para devolverle su lugar protagonista sobre el arroz cuando la paella esté prácticamente terminada. Así tendremos los efectos de unos langostinos doraditos con el sabor de la plancha, unido a la absorción final de los aromas marinos de la paella. Es digno de mencionar sobre este apetitoso marisco que, al contrario que la mayoría de ellos, soporta muy bien la merma de sabores tras su congelación. Evidentemente siempre habrá diferencia entre el fresco y el congelado, pero para platos como la paella son perfectamente válidos. Lástima, también, que aún congelados, si son realmente buenos, no tengan un precio nada razonable, especialmente en ciertas épocas del año en las que hay quien parece no haber visto un langostino en su vida y procede a una acaparación tal del producto que su precio se pone por las nubes.

España, cosa que agradecen muchas paellas de marisco, tiene muy buenos langostinos. Hay que mencionar honoríficamente los de Sanlúcar de Barrameda en Cádiz, los de la zona de Vinaroz en Castellón y los del Mar Menor, Murcia. Los congelados, una vez más, nada desdeñables, vienen de todas las partes del mundo.

INGREDIENTES BASE
1 kg de arroz
caldo de pescado
1 bote de tomate natural triturado
1 pimiento verde
3 dientes de ajo
unas ramitas de perejil
2 limones
1 cucharadita de pimentón dulce
3 sobres de azafrán
aceite de oliva, sal

INGREDIENTES ESPECÍFICOS
12 langostinos
½ kg de berberechos
300 g de champiñones

- Se fríen en la paellera los langostinos (vuelta y vuelta) añadiéndoseles un puñadito de sal gorda al final y se reservan.
- En el mismo aceite se hace un sofrito con el pimiento verde y los ajos, picado todo ello muy fino.
- A medio sofrito, se incorporan los champiñones enteros, junto con una cucharadita de perejil picado y al final 1 cucharadita de pimentón dulce.
- Cuando esté todo casi pasado, se agrega el tomate natural triturado y se sigue revolviendo unos 3 minutos más.
- Se agrega el arroz mezclándose a conciencia con el resto de ingredientes, hasta conseguir una masa homogénea rojiza (unos 3 minutos).
- Se echa el caldo de pescado muy caliente, el azafrán tostado, machacado y desleído en un poco de éste y el zumo de 1 limón.
- Al comenzar a hervir, se añaden los berberechos, previamente lavados con abundante agua, se comprueba de sal y se deja cocer de 12 a 15 minutos.

143

- Se retira del fuego, se decora con unas ramitas de perejil sembradas en el arroz, varias rodajitas de limón apoyadas o pinzadas en el borde la paellera y, tras un reposo de 12 minutos, se sirve.

63 | Paella de moluscos con cáscara

Permítasenos en esta receta tan solo resumir los principales moluscos comestibles y su avenencia con la paella. Están por un lado los moluscos univalvos, los que tienen una sola concha o valva, y son los menos apropiados para la paella, a excepción del caracol de huerta. Se pueden citar éste mismo, los bígaros, caracoles de mar (busanos y cañadillas) y las lapas, todos a cual menos recomendable.

Por otro, están los bivalvos, mucho más apropiados para los fines paellísticos: la almeja (fina, dorada, babosa, coquina...), citada la primera por ser la mejor; las chirlas y los berberechos, más modestos, pero también apañables; los mejillones, imprescindibles; las escupiñas, de carne muy fina (en Canarias se llama así a las almejas); las navajas, de uso relativo en la paella; y ya menos indicado para ésta tenemos la ostra y el ostión, parecido éste a la ostra que es típico de Cádiz, las vieiras y las zamburiñas y volandeiras (especie de vieiras más pequeñas).

Y por último están los cefalópodos, moluscos sin cáscara. En la paella se da buena cuenta de todos ellos: calamares, chipirones, pulpo, sepia, pota, globitos..., todos son bien recibidos, tanto con su tinta como sin ella.

INGREDIENTES BASE	INGREDIENTES ESPECÍFICOS
1 kg de arroz	*½ kg de mejillones*
caldo de pescado - agua	*300 g de almejas*
1 bote de tomate natural triturado	*200 g de berberechos*
1 pimiento verde	*100 g de chirlas*
1 cebolla y 3 dientes de ajo	*8 navajas*
3 limones	*1 pimiento rojo grande*
1 cucharadita de pimentón dulce	
3 sobres de azafrán	
aceite de oliva, sal	

- Se limpian los mejillones y se abren hirviéndolos en agua, que se reservará colada. Al retirarlos se les quitará una cáscara a las ¾ partes de ellos, dejando el resto con las dos.
- Se abren también las almejas, los berberechos y las chirlas en un

poco de agua para que suelten la arenilla, reservando también este líquido tamizado.

- Las navajas se cuecen 5 minutos en agua con sal, añadiendo igualmente la sobrante a la de los otros moluscos abiertos, y se les retira una de las cáscaras.
- En la paellera se fríe el pimiento rojo cortado en tiras alargadas y se reserva. En el mismo aceite se hace un sofrito con el pimiento verde, la cebolla y los ajos picado todo ello muy fino.
- Se le incorpora el arroz y se revuelve enérgicamente hasta conseguir el punto de arena (que alcance un grado de sofrito en el que al meter una cuchara en el arroz suene como si se metiera en arena), con la incorporación al final de la cucharadita de pimentón dulce.
- Se añade el tomate natural triturado y se rehoga hasta conseguir una masa de arroz rojiza homogénea.
- Se agrega el agua de abrir todos los moluscos más caldo de pescado, junto con el azafrán tostado, machacado y desleído en un poco de líquido, así como el zumo de un limón y se cuece de 12 a 15 minutos.
- Al terminar la cocción se colocan por la superficie las almejas, navajas, berberechos, chirlas y mejillones de dos cáscaras hundiéndolas ligeramente, mientras que los de una se clavan en los bordes de la paellera.
- Finalmente se colocan radialmente las tiras de pimiento rojo.
- Se deja reposar unos 12 minutos y se sirve decorado con rodajitas de limón.

64 | Paella ciega de moluscos

Las paellas ciegas, las que no tienen cáscaras ni espinas, ni nada que impida comerlas *a ciegas*, como ya se comentó en recetas anteriores, tienen su particular encanto al evitar el molesto ensuciamiento de manos que conlleva su degustación.

En este caso, usaremos algunos moluscos sin cáscara y unos mejillones a los que se desproveerá de las valvas. Los moluscos son un producto de la mar particularmente sugerente en el mundo paelleril. Sólo es conveniente —o mejor, indispensable— aplicar los tiempos de cocción justos y necesarios para que ablanden lo suficiente unos y que no se conviertan en paté otros. El pulpo, por ejemplo, es uno de esos poquísimos ingredientes que no podremos cocinar directamente en la paellera. Es preciso cocerlo previamente en agua sin sal durante al menos hora y media.

El calamar en anillas, igual que los chipirones, no se hacen con un breve salteado. Necesitan el justo tiempo en la paellera, dependiendo de texturas y calidades; no hay reglas, sólo hasta que estén blandos. Los mejillones, sin embargo, no se deben cocer indefinidamente en agua y después seguir cociéndolos con el arroz. De gustarnos tan pasados, mejor hacer un paté con ellos.

A los moluscos también les va bien un golpe de algún vino o licor una vez que están casi hechos. Para las paellas negras, es bueno utilizar vino tinto; para las otras un Fino o un blanco seco valdrán perfectamente.

INGREDIENTES BASE	INGREDIENTES ESPECÍFICOS
1 kg de arroz	*8 chipirones*
caldo de pescado	*300 g de anilla de calamar*
2 tomates maduros	*200 g de pulpo cocido*
1 cebolla grande	*200 g de mejillones*
4 dientes de ajo	*un puñado de uvas pasas*
1 vaso de vino Fino	
unas ramitas de perejil	
2 limones	
3 sobres de azafrán	
aceite de oliva, sal	

- Se limpian los mejillones, se abren al vapor y se reservan sin las cáscaras.
- Se pican en fino la cebolla y los ajos y se ponen a sofreír en la paellera con unas pizcas de sal.
- Se incorporan los 2 tomates maduros pelados y troceados y se deja pasar unos 5 minutos, momento en que se habrán convertido ya en salsa.
- Se agrega el vaso de vino Fino y se deja a fuego medio hasta que se evapore.
- Minutos después, se agregan las anillas de calamar y los chipirones limpios enteros. Se sofríe bien todo el conjunto, momento en el que se añade una cucharada de perejil picado en fino.
- Se rehoga el arroz con todos los ingredientes durante unos 3 minutos.
- Se aporta el caldo, junto con el azafrán tostado, machacado y desleído en un poco de éste, así como el zumo de un limón exprimido directamente y los mejillones sin cáscara, y se deja cocer de 12 a 15 minutos, comprobándose de sal.
- Antes de terminar la cocción se espolvorea con un puñadito de uvas pasas enterrándolas un poco en el arroz.
- Al final, se añade el pulpo troceado y previamente cocido (el pulpo tarda en cocer una hora y media).

- Se decora con varias ramitas de perejil sembradas en el arroz, según la creatividad de cada uno y, tras un reposo de unos 12 minutos, se sirve.

65 | Paella blanca de pescadilla con espinacas

La pescadilla es la cría de la merluza que, habiendo superado su primera fase de crecimiento, todavía no ha llegado a alcanzar su tamaño adulto, el de la merluza en sí. Es un pescado blanco popularísimo en nuestro país que tiene múltiples formas de preparación: a la bilbaína; a la inglesa, sencillamente empanada y frita; a la romana, sin espinas, rebozada y también frita...

Es también un pescado sencillo, asequible, cotidiano, como lo son las espinacas en el reino vegetal. Juntos forman un plato tranquilo, de sabores auténticos, hogareños, sin sofisticaciones.

Las espinacas tienen merecida fama de alimento altamente nutricio gracias, entre otros, al rubicundo Popeye, el marino, ya saben. Aunque hoy las veamos casi como una hortaliza vulgar, tienen un exótico origen persa. En aquella lejana Persia, crecían de forma espontánea, sin más cuidados del hombre. A los árabes les debemos su conocimiento y disfrute, pues fueron ellos quienes las trajeron y aclimataron a las costas mediterráneas españolas en el siglo XII.

Esta paella, aparentemente sosa, podría admitir más ingredientes, no cabe duda (¿cuál no?), pero tal como es, sólo pescadilla y espinacas, emana unos nostálgicos recuerdos cuaresmales, los de una cocina basada tan solo en la materia prima.

INGREDIENTES BASE
1 kg de arroz
caldo de pescado
4 dientes de ajo
1 cebolla
2 limones
1 chorro de vino verdejo o similar
aceite de oliva, sal

INGREDIENTES ESPECÍFICOS
4 pescadillas pequeñas
400 g de espinacas

- Se pica la cebolla y el ajo en fino y se inicia un sofrito en la paellera con unas pizcas de sal.
- Al cabo de un tiempo, cuando la cebolla esté a medio pochar, se añaden las espinacas troceadas a cuchillo, escaldadas en agua hirviendo durante dos minutos y escurridas, y se sigue rehogando otros 10 minutos.

- Se agregan las pescadillas cortadas en tranchas (rodajas), así como el zumo de 1 limón exprimido directamente y un chorro de vino verdejo o similar y se saltea un par de minutos con el resto de ingredientes a fuego fuerte.
- Se incorpora el arroz y se rehoga bajando el fuego, con cuidado de no estropear el pescado.
- Después de unos 3 minutos se aporta el caldo y se deja cocer de 12 a 15 minutos, comprobándose de sal.
- Se retira del fuego para dejarlo reposar unos 12 minutos y se sirve decorada con unas rodajitas de limón colocadas por los bordes de la paellera.

66 | Paella de pescados blancos

Los pescados se clasifican, en primer lugar, por su hábitat, por el medio en el que viven, pudiendo ser bien de agua dulce, los procedentes de ríos y lagos, o de agua salada, los del mar, aunque también los hay de agua dulce y salada, como es el caso de los salmones o los esturiones.

Otra clasificación, más importante a efectos culinarios, agrupa a los peces por su contenido en grasa. En ella están, por un lado, el pescado blanco o pescado magro, cuyo contenido en grasa no supera el 2,5 por ciento, como son la merluza, el lenguado y el rodaballo, por mencionar alguno; por otro lado tenemos los pescados semiblancos o semigrasos, a menudo confundidos con el primer grupo, con un contenido en grasa entre el 2,5 y el 6 por ciento, verbigracia, el besugo, la lubina o la dorada; y por último los pescados azules o grasos, o neríticos también, con un porcentaje de grasa aún superior, entre los que se encuentran, entre otros, el salmón, el atún, la caballa o la anguila, este último con el palmarés de ser el pez más pringoso del universo acuático con un 26 por ciento de materia grasa.

El motivo de que el pescado blanco sea el menos graso es que suele vivir en aguas profundas, en donde al no tener que realizar mucho ejercicio no necesita acumular apenas grasa. Estos pescados, protagonistas de la presente receta «blanca» y que se conocen también como demersales, son los más delicados y fáciles de digerir. Sus resultados en la paella son también finos y delicados.

Durante mucho tiempo se estuvo en el error, como pasó con el aceite de oliva, de considerar al pescado azul como un alimento perjudicial para el nivel de colesterol, sabiéndose hoy que, muy por el contrario, lo que hacen es bajar el colesterol malo.

INGREDIENTES BASE
1 kg de arroz
caldo de pescado
3 dientes de ajo
1 cebolla
unas ramitas de perejil
1 limón
1 vaso de vino blanco seco
aceite de oliva, sal

INGREDIENTES ESPECÍFICOS
400 g de rape en filete
400 g de congrio en filete (de la parte de delante)
400 g de merluza en filete
200 g de guisantes congelados o en lata

- Se sofríe la cebolla y el ajo, picado en fino, con unas pizcas de sal hasta que estén bien pochados.
- Se cortan los filetes de los tres pescados en dados grandes y se saltean ligeramente en este sofrito añadiendo una cucharada de perejil picado y unas pizcas de sal.
- Se agrega el vaso de vino blanco seco y se deja pasar a fuego bastante vivo removiendo suavemente hasta que prácticamente se evapore.
- Se incorpora el arroz y se rehoga con cuidado junto con el conjunto de ingredientes para que el pescado no se deshaga.
- Se añade el caldo de pescado, los guisantes (si son congelados antes y si son de lata un poco más tarde) junto con el zumo de 1 limón, y se deja cocer de 12 a 15 minutos, comprobándose de sal.
- Se retira del fuego, se decora con una rama de perejil grande y hermosa y se sirve después de un reposo de unos 12 minutos.

67 | Paella blanca de congrio y espárragos trigueros

El congrio es un pez anguiliforme al que, por este motivo, se llama a veces anguila de mar. Como ésta, no tiene escamas — ¡otra paella prohibida por Yahvé!— y tiene un cuerpo alargado y cilíndrico de color gris parduzco en el dorso y más bien blanquecino por la parte inferior. No se sabe bien si es por su feroz aspecto o porque está armado con infinidad de molestas espinas, en cocina tiene poco uso, si no es para hacer caldos.

Sin embargo, la parte de delante presenta una carne blanquísima y deliciosa, que tras una paciente labor de desespinación, aporta una textura y un sabor muy aceptables a la paella. La parte de atrás, es la que realmente no sirve para el plato, y habrá que usarla exclusivamente para hacer el caldo. Lo más recomendable es comprar un congrio entero y destinar la parte abierta cercana a la cabeza para acompañar el arroz y la parte cerrada de atrás, más su temible cabeza, para el caldo.

En cuanto a su tamaño, es una curiosidad de la naturaleza el que los machos no suelan pasar de los 60 centímetros de largo (pobrecillos), mientras que las hembras pueden alcanzar portentosas envergaduras de entre 2 y 3 metros y pesar hasta 60 kg, las muy bestias. Ni que decir tiene que resulta mucho más aconsejable encontrarse un congrio en una paella que dándonos un placentero baño en el mar, pues tiene la mala costumbre de vivir precisamente en las costas y tener bastante mala leche cuando se cabrea. Y no digamos si es *congria*.

<table>
<tr><td>INGREDIENTES BASE</td><td>INGREDIENTES ESPECÍFICOS</td></tr>
<tr><td>*1 kg de arroz*</td><td>*1 kg de congrio (de la parte de delante)*</td></tr>
<tr><td>*caldo de pescado*</td><td>*12 espárragos trigueros*</td></tr>
<tr><td>*3 dientes de ajo*</td><td>*1 ñora*</td></tr>
<tr><td>*unas ramitas de perejil*</td><td></td></tr>
<tr><td>*1 vasito de vino blanco seco*</td><td></td></tr>
<tr><td>*1 limón*</td><td></td></tr>
<tr><td>*aceite de oliva, sal*</td><td></td></tr>
</table>

- En la paellera con aceite se fríen los espárragos trigueros con un puñadito de sal gorda (que se añade casi al final); se retiran y reservan.
- En el mismo aceite se echa el congrio cortado en cuadrados, con la piel y sin espinas, salteándose apenas unos minutos junto con los ajos picados y una cucharadita de perejil también picado (la carne de congrio debe ser solamente de la parte de delante, porque la de atrás tiene muchas espinas y sólo vale para hacer caldo).
- Se agrega el vasito de vino blanco seco y el zumo de 1 limón y se deja a fuego medio hasta que se evapore.
- Se incorpora el arroz y se rehoga con cuidado de no deshacer el pescado durante unos 3 minutos.
- Se aporta el caldo de pescado y se cuece de 12 a 15 minutos, comprobándose de sal.
- A media cocción se coloca la ñora, que habrá estado a remojo una hora en agua, en el centro de la paella y 2 minutos antes de terminar de cocer se colocan los espárragos trigueros en forma radial sobre el arroz.
- Se retira del fuego, se deja reposar unos 12 minutos y se sirve.

68 | Paella de quisquillas y calamar

La quisquilla y el camarón son dos pequeños crustáceos parecidísimos de la misma familia. Ni el Diccionario de la Real Academia Española, ni la mayoría de diccionarios generales y gastronómicos los diferencian. Lo normal es que digan que a la quisquilla se le llama también camarón, y al camarón quisquilla. Sin embargo, una vez cocidos, la quisquilla es de un color anaranjado, mientras que el camarón es más bien parduzco, aparte de tener el pico diferente. En cualquier caso, a los efectos que aquí importan, tanto da que da lo mismo utilizar una u otro. La paella los agradecerá por igual.

Es este un animalillo cada vez más preciado en los festejos marisqueriles, tal vez por su preocupante escasez, tal vez por sus precios cada día más elitistas, tal vez por la peculiar existencia que lleva. En efecto, la vida de la quisquilla no es fácil precisamente.

Desde pequeñas se ven obligadas a estar en un deambular oceánico permanente. Desde la puesta, que tiene lugar en alta mar entre marzo y septiembre, las huevas quedan abandonadas y huérfanas de padre y madre, viajando al capricho del mar hasta la costa, en donde las recién nacidas descienden hasta el fondo. Pasan después el invierno entretenidas en un lento e infantil crecimiento, esperando la primavera, momento en el que empiezan a reproducirse. Y cuando ya tienen la mayoría de edad, cosa que ocurre en pocos meses —no como en España— cogen nuevamente los bártulos para desandar el camino andado y volver a las aguas oceánicas interiores. Para colmo, como las quisquillas mayores emigran ya en invierno hacia aguas más cálidas y profundas, son las más pequeñas e indefensas las que caen después en las redes de los pescadores, ¡para que luego digan de la quisquilla!

En lo tocante a lo culinario, sólo hay que saber que la quisquilla, por tener tan modestas dimensiones, necesita muy breves momentos de cocción. Añádase, por tanto, como indica la receta, antes del reposo del arroz. Si la tuviéramos más tiempo se mimetizaría casi con éste y podría llegar a ser difícil encontrar algo de su delicada carne.

INGREDIENTES BASE
1 kg de arroz
caldo de pescado
2 cebollas
3 tomates maduros
1 vaso de vino Manzanilla
unas ramitas de perejil
1 limón
3 sobres de azafrán
aceite de oliva, sal

INGREDIENTES ESPECÍFICOS
½ kg de quisquillas
1 kg de calamar

- En la paellera con aceite se ponen a sofreír las 2 cebollas picadas en fino con el calamar limpio y troceado en cuadrados.
- Al final del sofrito, se agregan los tomates pelados, picados y sin pepitas y se rehoga el conjunto durante cinco minutos con la adición de una cucharadita de perejil picado.
- Se añade un vaso de vino Manzanilla y se deja reducir.
- Se incorpora el arroz y se mezcla a conciencia hasta conseguir que absorba bien los sabores creados.
- Se añade el caldo de pescado con el azafrán tostado, machacado y desleído en un poco de éste y se deja cocer de 12 a 15 minutos.
- Al terminar la cocción se ponen las quisquillas sin mover el arroz y se exprime un limón sobre la paella.
- Se retira del fuego, se decora con una rama grande y hermosa de perejil y, tras un reposo de 12 minutos, se sirve.

69 | Paella de chopitos con verduras

Los chopitos son, sin ir más lejos, los alevines de la sepia, o jibia, como queramos llamarla. Su consumo está muy extendido en Andalucía, —no así en el resto del país— en donde se devoran con pasión rociera sencillamente fritos, como los pescaditos.

Al margen de fritos, estos pequeños cefalópodos son también un delicado manjar cuando participan en el guiso de la paella, y especialmente cuando van acompañados de unas verduras frescas y lozanas.

Su reducido tamaño exige un tratamiento correcto y preciso que evite que se turren demasiado, pero con la precaución que se le debe prestar a todo molusco cefalópodo para que no quede duro como la suela de un zapato.

Por lo difícil que puede ser llegar a conseguir chopitos en determinadas regiones, podemos hacer sin problema un cambio de éstos por pequeños chipirones, que más o menos nos darán el mismo resultado. En cualquier caso, si los consigue, haga la paella con ellos.

INGREDIENTES BASE
1 kg de arroz
caldo de pescado
1 cebolla
2 tomates maduros
1 vaso de vino Fino
3 sobres de azafrán
aceite de oliva, sal

INGREDIENTES ESPECÍFICOS
1,5 kg de chopitos
300 g de alcachofas
200 g de judías verdes
200 g de guisantes
3 cabezuelas de coliflor

- En la paellera con aceite se pone a sofreír la cebolla picada muy fina y unas pizcas de sal.

- A los 3 minutos, más o menos, se añaden todas las verduras excepto la coliflor (las alcachofas estarán sin las hojas duras, despuntadas y partidas en cuatro trozos) y se sigue rehogando unos 5 minutos más con otras pizcas de sal.

- Se agregan los tomates pelados, picados y sin pepitas y se deja pasar todo otros 5 minutos, mezclando bien.

- Se aporta caldo de pescado en doble cantidad y un poco más de la que se va a utilizar de arroz junto con las 3 cabezuelas de coliflor, con cuidado de que no se deshagan, y se deja cocer el conjunto aproximadamente 15 minutos.

- Se incorpora el arroz y los chopitos, junto con el azafrán tostado, machado y desleído en un poco de caldo y se cuece unos 15 minutos, reponiendo el líquido evaporado con caldo y comprobándose de sal.

- Se retira del fuego y se sirve tras 12 minutos de reposo.

70 | Paella marisquera de bogavante

El bogavante, conocido con varios nombres más, como bugre, lubricante, abacanto, y aún más, dependiendo de la zona, es otra de las piezas adamantinas del marisco. Por su corpulencia y para los ojos inexpertos se puede confundir con la langosta, pero en realidad es bien diferente. Sus patas delanteras son poderosas pinzas, en lugar de antenas, y su color es verde azulado oscuro, no rojizo amarronado como la langosta.

Al contrario también que la langosta, no abunda en el mar cantábrico, sino en los mares nórdicos de Escocia y la península escandinava *(Homarus vulgaris)*, y en los de Canadá *(Homarus americanus)*. Se trata de un crustáceo espectacularmente prolífi co que pone millares de huevas, pero debido a que para su desarrollo las crías deben pasar 5 o 6 semanas en la superficie del mar, se convierten en el alimento predilecto de innumerables depredadores que los diezman, con lo que su escasez y elevado precio están garantizados, máxime si tenemos en cuenta que todavía no se ha podido industrializar su cría y reproducción. Cuando los escasos supervivientes se hacen adultos bajan a los fondos oceánicos en donde viven bajo las rocas. A partir de este momento, ya no es tan fácil para el resto de la fauna marina servírselos como aperitivo.

La carne es quizás menos fina que la de la langosta, pero lo compensa con un sabor más marcado. Además, sus enormes pinzas proporcionan una carnosidad excelente, cosa que no tiene la atildada langosta con sus antenitas. El bogavante debe comprarse siempre vivo y dársele una muerte caritativa, como hacíamos con la langosta, sumergiéndola una hora por lo menos en agua del grifo. Hay quien, también caritativamente, recomienda introducirla un tiempo en el congelador, pero no es muy aconsejable, puesto que hasta que muere de frío se dedica a destrozar todo lo que encuentra a su paso.

INGREDIENTES BASE	INGREDIENTES ESPECÍFICOS
1 kg de arroz	*1 bogavante de 1,5 kg aprox.*
caldo de pescado	*300 g de mejillones*
agua	*300 g de almejas*
1 diente de ajo	*4 langostinos*
1 bote de tomate natural triturado	
1 limón	
3 sobres de azafrán	
aceite de oliva, sal	

- Se limpian los mejillones y se abren al vapor, reservando el agua que suelten. A continuación se hace lo mismo con las almejas.
- Se corta el bogavante en trozos de forma transversal al eje de simetría por los juegos del caparazón y se cascan las pinzas con un martillo. La cabeza se parte longitudinalmente.
- En la paellera se pone un poco de aceite y cuando esté caliente se le echa un ajo machacado que se retirará al cabo de 1 o 2 minutos.
- En este aceite se sofríen los langostinos, vuelta y vuelta y se reservan espolvoreados con unas pizcas de sal.
- A continuación, y siempre en el mismo aceite, se dora el bogavante troceado. Cuando se haya obtenido un buen color dorado se añadirá el tomate natural triturado, dejándose hacer unos 5 minutos o más, hasta que se haga una salsa densa.

- Se añade el agua caliente empleada para abrir los mariscos y caldo de pescado, junto con el azafrán en hebra, el zumo de 1 limón exprimido directamente sobre la paella y se deja que hierva.
- En ese momento se incorpora el arroz, se prueba de sal y se deja cocer unos 15 minutos, colocando a media cocción los langostinos sobre el arroz y clavando en él las almejas una a una en vertical, así como los mejillones.
- Se retira del fuego, se deja reposar unos 12 minutos y se sirve, o se come directamente de la paellera con cuchara, al estilo valenciano.

71 | Paella al ajo arriero

El término «ajoarriero» procede de los arrieros que viajaban de las costas cantábricas al interior de la península, por lo general Castilla y Aragón, transportando bacalao para su comercio. El riguroso calor de estas zonas, especialmente en verano, obligaba a llevar el pescado salado, con lo que se garantizaba su perfecta conservación. El ajoarriero, en su camino de regreso, volvía cargado de ajos y pimentón, y en ocasiones también de vinagre, para cerrar el círculo comerciando con estos productos de vuelta allí de donde había partido.

En su vida de viajantes, los ajoarrieros dormían en las fondas que encontraban en el camino, o al raso, según como anduvieran las ventas. Pero al mediodía la comida la hacían de forma campestre usando la propia mercancía que transportaban. Encendían un fuego y calentando unas piedras colocaban encima el bacalao para que fuera soltando la sal. Cuando el bacalao se oscurecía lo sumergían en un poco en agua y lo escurrían estrujándolo con las manos. Después, lo ponían en una sartén con un poco de aceite sobre las brasas añadiéndole ajos, pimentón y cualquier otra cosa que pudiera salir a su paso, como podían ser, a la vera de los ríos, los cangrejos que tanto abundaban.

En un principio, la sencilla fórmula del ajoarriero se reducía al bacalao con ajo y pimentón, pero con el tiempo se ha ido sofisticando —y complicando— hasta el punto de encontrarlo hoy incluso con las aristocráticas langostas. Su acompañamiento con cangrejos, no obstante, ya viene de antiguo. Ernest Hemingway, literato neurótico y proclive a todo tipo de glotonerías festivas, ya hablaba de esta receta en la que se incluían cangrejos allá por 1926 con motivo de una de sus correrías en los *Sanfermines*, a la que llamaba Bacalao de Pamplona.

Esta paella es totalmente *ajoarriera*, ateniéndose escrupulosamente a los orígenes del plato. No estaría de más hacerla un día a orillas de un río, sobre unas brasas, recordando aquella antigua forma de vida de los arrieros.

INGREDIENTES BASE
1 kg de arroz
agua
5 dientes de ajo
1 cucharadita de pimentón dulce
½ cucharadita de pimentón picante
vinagre
aceite de oliva, sal

INGREDIENTES ESPECÍFICOS
1 kg de bacalao desalado
16 cangrejos de río

- Se quitan las cabezas de los langostinos, los gambones y las gambas, se pelan y reservan. Todos estos restos se agregarán al caldo de pescado.
- En la paellera se fríe el pimiento rojo cortado en tiras largas, junto con el pimiento verde italiano cortado en aros, añadiendo al final unas pizcas de sal gorda, reservándose también.
- En el mismo aceite se saltean las colas de los langostinos y los gambones peladas junto con los dientes de ajo picados, una cucharada de perejil también picado y unas pizcas de sal.
- En el último momento, cuando estas colas ya están un poco doradas, se añaden las colas de las gambas que, al ser más pequeñas, necesitan menos tiempo.
- Se incorpora el arroz y se rehoga cuidando de no deshacer las colas del marisco.
- A los 3 minutos aproximadamente se añade la cucharadita de pimentón dulce sin dejar de revolver para que no se queme.
- Se agrega el caldo de pescado, junto con el azafrán tostado, machacado y desleído en un poco del mismo caldo, así como el zumo de un limón exprimido directamente sobre la paella y se deja cocer de 12 a 15 minutos, comprobándose oportunamente de sal.
- En el último momento, aún sobre el fuego, se decora con las tiras de pimientos rojos y los aros de pimiento verde, según la creatividad de cada uno.
- Se retira del fuego, se termina de decorar colocando varias rodajitas de limón alrededor de los bordes de la paellera y una ramita de perejil en el medio, por ejemplo, y se sirve después de unos 12 minutos de reposo.

72 | Paella ciega de crustáceos con pimientos

Los crustáceos no son sencillamente una decena de mariscos que comemos con gusto los humanos. La cosa llega mucho más allá. Estamos hablando de un animal invertebrado del tronco de los artrópodos del que se han llegado a describir unas 25.000 especies. Su característica común es que respiran por branquias o a través de la superficie del cuerpo y suelen tener dos pares de antenas. La variedad de crustáceos, como podemos figurarnos entre tanta especie, es enorme. Desde los minúsculos y casi microscópicos bichitos que habitan todos los rincones de los mares hasta el impresionante cangrejo gigante japonés *Macrochoeira Kaempferi*, tipo tanque, que tiene una envergadura de pinza a pinza de 4 metros con un peso de 18 kilos, pasando por toda una gama intermedia y variopinta de formas, pesos y tamaños.

Lo que sí es cierto es que a la mesa no nos llevamos más allá de un par de docenas de estos animalitos, entre los que no se encuentra, por lo menos aquí, el tanque nipón. Los más normales en la dieta humana son de todos bien conocidos: langostas, bogavantes, bueyes de mar, cangrejos de río y mar, nécoras, centollos, langostinos, cigalas, gambas, quisquillas, carabineros, nécoras y alguno más que queda por ahí y al que pedimos disculpas por no citar.

En el tratamiento culinario de los crustáceos es preciso tener en cuenta que su cocción siempre ha de ser muy breve —en función de su tamaño—, y que el mayor error suele venir, precisamente, de un exceso de la misma. No nos olvidemos que el arroz cocerá casi 15 minutos. Cualquier exceso de cocción echará a perder el marisco.

INGREDIENTES BASE	INGREDIENTES ESPECÍFICOS
1 kg de arroz	*10 langostinos*
caldo de pescado	*10 gambones*
3 dientes de ajo	*1 puñado de gamba arrocera*
unas ramitas de perejil	*1 pimiento rojo grande*
2 limones	*1 pimiento verde italiano*
1 cucharadita de pimentón dulce	
3 sobres de azafrán	
aceite de oliva, sal	

- Se quitan las cabezas de los langostinos, los gambones y las gambas, se pelan y reservan. Todos estos restos se agregarán al caldo de pescado.
- En la paellera se fríe el pimiento rojo cortado en tiras largas, junto con el pimiento verde italiano cortado en aros, añadiendo al final unas pizcas de sal gorda, reservándose también.
- En el mismo aceite se saltean las colas de los langostinos y los gambones peladas junto con los dientes de ajo picados, una cucharada de perejil también picado y unas pizcas de sal.
- En el último momento, cuando estas colas ya están un poco doradas, se añaden las colas de las gambas que, al ser más pequeñas, necesitan menos tiempo.
- Se incorpora el arroz y se rehoga cuidando de no deshacer las colas del marisco.
- A los 3 minutos aproximadamente se añade la cucharadita de pimentón dulce sin dejar de revolver para que no se queme.
- Se agrega el caldo de pescado, junto con el azafrán tostado, machacado y desleído en un poco del mismo caldo, así como el zumo de un limón exprimido directamente sobre la paella y se deja cocer de 12 a 15 minutos, comprobándose oportunamente de sal.
- En el último momento, aún sobre el fuego, se decora con las tiras de pimientos rojos y los aros de pimiento verde, según la creatividad de cada uno.
- Se retira del fuego, se termina de decorar colocando varias rodajitas de limón alrededor de los bordes de la paellera y una ramita de perejil en el medio, por ejemplo, y se sirve después de unos 12 minutos de reposo.

73 | Paella verde de berberechos y gambas del Mar Menor

Aunque parezca una paella marciana, en realidad, y sintiéndolo mucho, no lo es. La salsa verde es algo bastante antiguo —y terrícola— que tiene un uso bien conocido en la preparación de determinados pescados, como pueden ser la merluza, el mero, el bacalao y sus cocochas. Normalmente las salsas verdes se obtienen por la adición de berros, espinacas o perejil una vez hechos puré o incluso licuados.

Las paellas verdes, lejos de ser una extravagancia cocineril, constituyen un estilo novedoso, de sabores suaves, que aportan variedad y color al recetario de arroces en paella, normalmente limitados a las tonalidades blanca, amarilla y negra. Además no presentan ninguna complicación culinaria que requiera estudios superiores de cocina. Están al alcance de todos con un sencillo ramillete de perejil.

Esta paella de carácter localista encuentra su lugar idóneo de elaboración a orillas del Mar Menor, en esa hermosa albufera de la costa mediterránea murciana. Aquí, pese a lo limitado de sus aguas, se da una gran riqueza pesquera en la que destaca el mujol, las anguilas, boquerones, salmonetes y, sobre todo, los langostinos y las gambas. Éstas, que forman el ingrediente clave de la presente receta, son menos tersas y más jugosas que las habituales de otros mares, por lo que, en consecuencia, requieren menos tiempo de cocción.

Y qué menos en estas tierras que usar un buen vino de Jumilla, un caldo que años atrás estaba considerado de baja calidad, reservándose casi para añadir a los guisos. Hoy han mejorado de una forma notable por lo que, además de su participación en la elaboración de la paella, resulta altamente recomendable saborearlos en copa.

INGREDIENTES BASE
1 kg de arroz
caldo de pescado
1 vaso de vino blanco de Jumilla
3 dientes de ajo
1 guindilla
1 ramo de perejil
1 limón
aceite de oliva, sal

INGREDIENTES ESPECÍFICOS
1 kg de berberechos
½ kg de gambas frescas preferentemente del Mar Menor

- En la paellera con aceite se sofríen los dientes de ajo picados en fino con la guindilla entera.
- Cuando empiecen a dorar se añade el arroz y se rehoga el conjunto durante 3 o 4 minutos.
- Se agrega el vino blanco, dejándolo reducir casi por completo.
- Se añade un ramo de perejil picado finamente y se continúa rehogando unos minutos.
- A continuación se incorpora el caldo junto con los berberechos previamente lavados con abundante agua corriente y se cuece de 12 a 15 minutos, comprobándose de sal.
- Unos cinco minutos antes de terminar la cocción se colocan las gambas por toda la superficie de la paella.
- Se retira del fuego y se decora con varias rodajas de limón, al gusto, y después de un reposo de unos 12 minutos se sirve.
- *(Nota: de no encontrarse gambas del Mar Menor podrán utilizarse otras siempre que sean frescas, requiriendo un poco más de tiempo de cocción.).*

74 | Paella de cangrejos de ría y huevas de trucha

Si nos fijamos bien, el cangrejo de río es como un bogavante pero en diminuto (no suele pasar de los 10 centímetros). Tiene la misma forma de caparazón con sus temibles pinzas delanteras, su color pasa de las tonalidades parduzcas al rojo con la cocción... Lástima que su sabor no llegue a ser el mismo. Estos cangrejos, notablemente diferentes a los de mar, y abundantes por el momento, viven en hoyos que hacen en la arena de los ríos o en refugios bajo las piedras, en donde esperan pacientemente durante la noche el paso de alguna víctima desprevenida que desmenuzarán en fracciones de segundo para servirles de refrigerio. Sin embargo, en el caso contrario, cuando es él el que pierde la batalla, y cuando consigue salir vivo de la reyerta, presenta una extraordinaria capacidad para regenerar los apéndices mutilados en combate. Unido a este poder de recuperación, el cangrejo de río se defiende de sus enemigos por medio de una coloración que le mimetiza con el entorno y con un fuerte impulso de cola con el que retrocede a posiciones seguras a una velocidad fulminante.

Llegado a la mesa, el cangrejo de río es, por ejemplo, mundialmente conocido en *bisque*, como llaman los franceses a las cremas de marisco (el *bisque d'écrévises*). Aunque mucho más campechano será encontrar este cangrejillo cocido o frito a modo de aperitivo a la española, y no digamos ya, en paella, lugar en donde lo da todo.

En esta receta tal vez haya sido un poco peligroso poner a este pequeño crustáceo con las huevas de la trucha, porque en la naturaleza se alimenta de ellas, pero hemos corrido el riesgo y no ha pasado nada. Antes al contrario, ha resultado una idea excelente.

INGREDIENTES BASE
1 kg de arroz
caldo de pescado
1 pimiento rojo
2 pimientos verdes
4 ajos puerros
2 cucharaditas de pimentón dulce
1 cucharadita de pimentón picante
aceite de oliva, sal

INGREDIENTES ESPECÍFICOS
24 cangrejos de río pequeños
2 tarrinas de huevas de trucha
2 pimientos verdes italianos (los largos y estrechos)

- En crudo se le quitan las cabezas y el caparazón a todos los cangrejos menos a 8 que se conservarán enteros.
- En la paellera con aceite se ponen a dorar los 8 cangrejos enteros sin pelar y se reservan. Seguidamente, haremos lo mismo con las colas de los restantes cangrejos y después con los pimientos italianos cortados en aros, reservándolo todo.
- En el mismo aceite, se rehogan los ajos puerros (sólo la parte blanca), los pimientos verdes y el rojo, picado todo ello en fino, con unas pizcas de sal.
- Cuando esté todo bien pasado, se añaden las cucharaditas de pimentón, revolviendo sin parar para que no queme.
- Se agrega el arroz y se rehoga enérgicamente hasta conseguir el punto de arena (que alcance un grado de sofrito en el que al meter una cuchara en el arroz suene como si se metiera en arena).
- Se incorpora el caldo y se pone a cocer unos 15 minutos.
- A media cocción, más o menos, se añaden las colas de cangrejo peladas y un poco después se distribuye por la superficie de arroz el contenido de las dos latas de huevas de trucha diluidas en un poco de caldo.
- Después de la aportación de las huevas de truchas se comprueba, y rectifica en su caso, de sal, colocando finalmente los 8 cangrejos enteros y los aros de los pimientos italianos según el gusto de cada uno.
- Se deja reposar unos 12 minutos y se sirve.

75 | Paella de bonito fresco

Antes que nada veamos cual es la diferencia entre el bonito y el atún, cosa extensamente confundida entre la mayoría. Aunque ambos peces son acantopterigios de la familia de los escómbridos —perdón por los tecnicismos, pero son necesarios—, el bonito es mucho más pequeño que el atún, midiendo normalmente entre los 60 y 80 centímetros; tiene la piel más oscura que aquél, azul verdosa por la parte superior, el cuerpo recorrido por unas bandas oscuras oblicuas y un vientre plateado. El atún, sin embargo, mide unos 3 metros y pesa alrededor de los 300 kg, aunque pueden encontrarse monstruosos ejemplares de 5 metros y 800 kg de peso. La carne del bonito es más blanca y sabrosa que la del atún, comercializándose la de éste último con más frecuencia enlatada que fresca, como es el caso del bonito que es omnipresente en las pescaderías durante los meses de verano.

Si en España, país pescadero por excelencia, existe confusión entre el bonito y el atún, en el orbe gastronómico anglosajón, no digamos. Los ingleses, norteamericanos y, en general, todos los que hablan la lengua de Shakespeare, llaman indiscriminadamente *tuna* (atún) a todo bicho que más o menos se le parezca, desconociendo incluso que en su propio idioma existe la misma palabra 'bonito' (exactamente igual que en español) para designar el «bonito» que, como se ha explicado, no es el atún.

Aclarado esto, que no es poco, conviene saber que el bonito fresco expande ya por sí mismo una potencia de sabor tal que hace innecesario, e incluso desaconsejable, el uso de caldo de pescado en esta receta. De la misma forma, no es conveniente echar demasiado bonito al arroz, pues crearíamos un sabor *pescadizo* nada deseable. Aunque hemos dejado bien clara la diferencia entre bonito y atún, para nuestros fines podemos usar cualquiera de los dos pescados, con la única condición de que sea rigurosamente fresco.

INGREDIENTES BASE	INGREDIENTES ESPECÍFICOS
1 kg de arroz	*1 kg de bonito fresco*
agua	*2 zanahorias*
1 pimiento verde	*1 pimiento rojo*
1 ajo puerro	
3 dientes de ajo	
1 bote de tomate natural triturado	
unas ramitas de perejil	
1 limón	
1 cucharadita de pimentón dulce	
3 sobres de azafrán	
aceite de oliva, sal	

- Se corta el pimiento rojo en tiras largas, se fríe en la paellera con unas pizcas de sal gorda añadidas al final y se reserva.
- En el mismo aceite se hace un sofrito con el pimiento verde, el ajo puerro y los ajos, añadiendo al final una cucharada de perejil picado fino y las zanahorias cortadas en juliana.
- Cuando ya esté todo pochado y la zanahoria un poco blanda, se incorpora el arroz y se rehoga bien todo el conjunto agregando al final el pimentón dulce con cuidado de que no queme.
- Se añade el tomate natural triturado y se revuelve bien durante unos 5 minutos hasta formar una buena masa rojiza homogénea.
- Se incorpora el bonito cortado en tacos de un grosor de unos 2 o 3 cm y se revuelve un poco, con sumo cuidado para que no se deshaga.

- Se agrega el agua muy caliente, el azafrán tostado, machacado y desleído en un poco de ésta, el zumo de 1 limón exprimido directamente sobre la paella y se deja cocer de 12 a 15 minutos, comprobándose de vez en cuando de sal.
- Se retira del fuego, se decora con las tiras de pimiento rojo y unas ramas de perejil y, tras 12 minutos, se sirve.

76 | Paella negra de chipirones y mejillones

No se debe ser racista con nada, incluida la paella. Igual da que sea blanca, amarilla o negra. Las tres tienen los mismos derechos y merecen el mismo respeto gastronómico.

Concretamente las paellas negras se hacen con la tinta de los moluscos que llevan. El procedimiento de elaboración es similar al de una paella normal, amarilla o blanca, a la que se le añade el líquido de las bolsas de tinta que albergan sus propios ingredientes cefalópodos o la de otros.

Este tipo de moluscos, los cefalópodos, cuando se sienten en peligro, sueltan la tinta que albergan en su interior enturbiando el agua para poder darse a la fuga, mimetizados en el entorno, ante el repentino desconcierto de su enemigo. A esta propiedad zoológica se la conoce con el nombre de homocromía. Los pulpos, por ejemplo, tienen la fea costumbre cuando se les pesca en los roqueros de las costas de lanzar potentes chorrecillos de tinta que ponen a uno perdido de no adopta las necesarias precauciones.

INGREDIENTES BASE	INGREDIENTES ESPECÍFICOS
1 kg de arroz	1,5 kg de chipirones
caldo de pescado	300 g de mejillones
4 bolsas de tinta	1 pimiento rojo grande
2 cebollas - 3 dientes de ajo	
1 vaso de vino tinto	
2 limones	
1 cucharadita de pimentón picante	
1 rama de perejil	
aceite de oliva, sal	

- Se limpian los mejillones, se abren hirviéndolos en agua y se reservan (el agua de esta cocción se echará colada al caldo de pescado).
- Los chipirones se limpian y se les extraen las bolsas de tinta.
- Se corta el pimiento rojo en tiras alargadas, se fríe en la paellera con unas pizcas de sal gorda añadidas al final y se reserva.

- En el mismo aceite se ponen a sofreír las cebollas y los dientes de ajo picado en fino junto con unas pizcas de sal. A medio sofrito se añaden los chipirones limpios y enteros, dejándose rehogar 5 minutos.
- Se añade la cucharadita de pimentón picante y se remueve sin parar para que no queme y quede completamente mezclado con el resto de ingredientes (unos 2 minutos).
- Se incorpora el arroz y se revuelve a conciencia para impregnarlo de los sabores creados hasta el momento.
- Se agrega un vaso grande de vino tinto de Rioja u otro de buena calidad y se deja en cocción hasta que se evapore casi por completo. Cuando haya cogido el color oscuro de la salsa formada por el vino tinto, se le echa las bolsas de tinta y se revuelve todo el conjunto hasta obtener un color negro, o casi negro, de toda la masa de arroz.
- Se agrega el caldo de pescado, junto con el zumo de 1 limón, se colocan los mejillones con las dos cáscaras atravesados horizontalmente en el arroz y se deja cocer de 12 a 15 minutos, comprobándose de sal.
- En el último momento, se colocan las tiras de pimiento rojo de forma radial.
- Se retira del fuego y se decora con 1 rama de perejil grande, varias rodajas de limón y la mitad de uno de ellos en el centro y, tras 12 minutos de reposo, se sirve.

77 | Paella negra de calamar y mariscos

Las paellas negras suelen tener en casi todas partes al calamar por molusco invitado. Es probable que sea por la abundancia de tinta que proporciona, aunque también tiene que influir su versatilidad de guiso y su apreciado sabor.

El calamar tiene una carne mucho más dura de lo que aparenta su flacidez una vez troceado. Es siempre recomendable cocinarlo con mucha cebolla, dejándolo tiempo y tiempo hasta asegurarnos que está lo suficientemente blando para recibir el arroz.

La presente receta combina la técnica de las tradicionales paellas de marisco con el aporte sustantivo de las negras, es decir, la tinta. Normalmente, una paella negra no lleva crustáceos. En este caso, la presencia de los langostinos y las cigalas es más un recurso decorativo que un ingrediente imprescindible del plato, no así las almejas, que sí forman parte importante del recetario tradicional de arroces negros.

Para evitar la lobreguez que puede suponer la visión de una paella completamente negra, en las cuatro recetas que se aportan aquí, se utilizarán diferentes ingredientes de colores claros a modo de contraste, colocándolos sobre el arroz al final para evitar que se ensucien de tinta.

<table>
<tr><th>INGREDIENTES BASE</th><th>INGREDIENTES ESPECÍFICOS</th></tr>
<tr><td>1 kg de arroz</td><td>1 kg de calamares</td></tr>
<tr><td>caldo de pescado</td><td>8 langostinos</td></tr>
<tr><td>tinta de calamar</td><td>6 cigalas pequeñas</td></tr>
<tr><td>4 bolsitas de tinta</td><td>300 g de almejas</td></tr>
<tr><td>2 cebollas</td><td></td></tr>
<tr><td>1 vaso de vino Fino</td><td></td></tr>
<tr><td>1 bote de tomate natural triturado</td><td></td></tr>
<tr><td>2 limones</td><td></td></tr>
<tr><td>1 cucharadita de pimentón picante</td><td></td></tr>
<tr><td>aceite de oliva, sal</td><td></td></tr>
</table>

- En la paellera con aceite se fríen los langostinos y las cigalas vuelta y vuelta hasta que estén dorados, con un puñadito de sal gorda y se reservan.
- En el mismo aceite se pone a sofreír la cebolla picada con unas pizcas de sal y a los 2 minutos se añade el calamar troceado en cuadrados de unos 2 o 3 cm.
- Se rehoga todo a fuego moderado durante 5 minutos, añadiendo al final la cucharadita de pimentón picante sin dejar de revolver para que no queme.
- Se incorpora el vaso de Fino y se mantiene a fuego medio hasta que se evapore.
- A continuación se agrega el tomate natural triturado y se rehoga el conjunto unos 3 minutos.
- Se incorpora el arroz, se revuelve unos minutos y se agrega la tinta de calamar junto con las bolsitas de tinta.
- Se rehoga el conjunto de ingredientes el tiempo necesario para obtener una masa negra, o casi negra, lo más homogénea posible y se añade el caldo de pescados junto con el zumo de 1 limón.
- Al empezar a hervir se incorporan las almejas bien lavadas previamente con agua fría, y se deja cocer de 12 a 15 minutos, realizándose las oportunas comprobaciones de sal.
- En el momento de retirar la paella del fuego se colocan por encima en forma radial los langostinos y las cigalas de forma que su color no se vea manchado por la tinta y destaquen con su color rojizo sobre el fondo negro de la paella.
- Se decora finalmente con varias rodajas de limón por los bordes y, tras 12 minutos de reposo, se sirve.

78 | Paella negra de pulpo y coliflor

En el caso del pulpo, su tinta de defensa personal, que utiliza como método de camuflaje cuando se ve amenazado por algún peligro, igual que hacen el resto de cefalópodos de su especie, no se usa en cocina, por lo que para hacer un arroz negro con él como protagonista habrá que tomar prestada la del calamar o la sepia.

Como ya se comentó en otras recetas, debido a la dureza de su carne, el pulpo es uno de los pocos ingredientes que precisan de una larga cocción aparte antes de entrar en contacto con la paellera.

Esta paella negra tiene como protagonista exclusivo al pulpo con la peculiaridad de que será picante, sabor que sorprenderá a más de uno, de forma positiva, es de esperar.

El contraste de color lo pondremos con los ramilletes de coliflor. Para mucha gente, las mejores paellas son las negras. Démosles a probar ésta a los entendidos, y esperemos a ver su reacción.

INGREDIENTES BASE
1 kg de arroz
caldo de pescado
5 bolsitas de tinta de calamar
3 dientes de ajo, 1 cebolla grande
1 ajo puerro
unas ramitas de perejil
1 tomate maduro grande
1 limón
2 cucharaditas de pimentón picante
aceite de oliva, sal

INGREDIENTES ESPECÍFICOS
1,5 kg de pulpo
½ kg de coliflor

- Se cuece el pulpo por lo menos una hora y media con agua sin sal, hasta que esté blando. Se trocea con unas tijeras grandes y se reserva incluida la cabeza limpia.

- En la paellera con aceite se pone a sofreír la coliflor troceada en ramilletes. Cuando esté próxima a quedar dorada, se agregan los dientes de ajo laminados, una cucharadita de perejil picado y unas pizcas de sal, dejándose a fuego medio hasta que los ajos se doren. Se retira todo con una espumadera y se reserva.

- En el mismo aceite se sofríe la cebolla y el ajo puerro picado todo ello muy fino con unas pizcas de sal. Próximo a terminar el sofrito, se añaden las cucharaditas de pimentón picante con la precaución de que no queme.

166

- Se añade después el tomate pelado y troceado y se sigue pasando hasta hacer salsa.
- Se incorpora el pulpo troceado y se revuelve todo hasta conseguir un intercambio completo de sabores (unos 5 minutos).
- Se agrega el arroz junto con la tinta de calamar y se mezcla a conciencia con el conjunto de ingredientes formando una masa homogénea lo más negra posible.
- Se echa el caldo de pescado, con el zumo de 1 limón exprimido directamente sobre la paella; a los 5 minutos se coloca la coliflor y se deja cocer todo otros de 10 minutos, comprobándose periódicamente de sal.
- En el momento de retirar la paella, todavía sobre el fuego, se coloca la coliflor sobre la base negra de arroz, dejando que algunos trozos se impregnen de negro y otros queden lo más blanco posible.
- Se retira del fuego, se coloca en el centro una rama de perejil grande y hermosa y, tras un reposo de unos 12 minutos, se sirve.

79 | Paella negra de sepia y carabineros

Un arroz negro más, por completar un juego de este tipo de paellas que tanto gustan con los cuatro cefalópodos más importantes al caso, es éste con sepia y carabineros.

La sepia, también conocida como jibia, aunque en realidad ésta es una especie del género de las sepias, sepia officinalis, es un cefalópodo con diez tentáculos, dos de los cuales son más largos. En su interior tiene una especie de concha, conocida como pluma o jibión que se usa en las jaulas de los pájaros para que afilen el pico y también como fuente de calcio en su dieta. Este molusco también tiene tinta que, aparte de su uso culinario, tiene gran importancia como pigmento industrial para obtener pinturas al agua del color de su nombre.

Como en las anteriores paellas negras, le aportaremos un contraste de color con unos majestuosos carabineros que habrán de destacar limpios, con su llamativo color torero, sobre la negritud del arroz.

Y una nota final válida para todas las paellas negras. Hay que conseguir que queden negras. No hay cosa más patética que una paella de color gris marengo, que bien podríamos llamar «paella estilo director de banco». Si la tinta del marisco que vamos a usar no es suficiente, habrá que conseguir un suplemento adicional con bolsitas de tinta que nos garanticen unos buenos resultados de color (¡negro!).

1 kg de arroz
caldo de pescado
tinta de sepia
4 bolsas de tinta
2 cebollas, 2 limones
1 vaso de vino blanco seco
unas ramitas de perejil
1 bote de tomate natural triturado
1 cucharadita de pimentón picante
aceite de oliva, sal

1 kg de sepia
8 carabineros

- Se limpian las sepias, se les extraen las bolsas de tinta, se cortan en cuadrados de aproximadamente 2 centímetros y se reservan.
- En la paellera con aceite se fríen bien los carabineros, vuelta y vuelta, hasta que doren, con un puñadito de sal gorda añadido al final, y se reservan.
- En el mismo aceite se hace un sofrito con las cebollas picadas y un poco de sal, añadiéndose al final la cucharadita de pimentón picante y prestando atención para que no queme.
- A los 3 o 4 minutos se le incorpora la sepia y se deja durante unos 10 minutos, en función del tamaño de los trozos, agregándosele al final una cucharada de perejil picado.
- Se añade el vaso de vino blanco seco, más bien abundante, y se deja a fuego medio hasta que se reduzca en sus tres cuartas partes.
- Se echa el tomate natural triturado y se rehoga unos 5 minutos.
- Se incorpora el arroz, las bolsas de tinta de las sepias pinchadas y desechas en una cucharada de caldo junto con las bolsas de tinta y se remueve a conciencia el conjunto de ingredientes hasta conseguir una masa uniforme lo más negra posible.
- Una vez hecho esto, se aporta el caldo de pescado con el zumo de 1 limón exprimido directamente sobre la paella y se deja cocer de 12 a 15 minutos, comprobándose de sal.
- Cuando el arroz esté prácticamente seco y se vaya a retirar del fuego, se colocan los carabineros sobre la paella en forma radial.
- Finalmente se decora con varias rodajitas de limón y unas ramitas de perejil sembradas en el arroz y, después de un reposo de 12 minutos, se sirve.

80 | Paella de salmón y berenjena

Si hay un ser de la creación que lleva una vida errante, ése es sin duda el salmón. Este pez teleósteo, que de tanto viajar se le puede considerar fluvial y marino al mismo tiempo, nace en los ríos y al cabo de uno o dos años, cuando alcanza una longitud de unos 20 centímetros, toma su primera decisión importante: descender por todo el cauce de su río natal hasta llegar al mar. Allí, en la opulencia oceánica, se pone morado con todo lo que encuentra, creciendo hasta los 50 centímetros en un solo año y más de un metro en tan sólo tres. Al llegarle la madurez sexual, y una vez que lo ha visto todo, tras vagar a veces hasta distancias de 800 kilómetros, decide volver al río que le vio nacer — parece ser que sólo un 30 por ciento se confunde de río—, remontándolo contra corriente, cascadas, presas y todo lo que se le ponga por delante, para volver a iniciar el ciclo de reproducción.

El salmón es hoy una pieza codiciada por los pescadores de todos los ríos que desembocan en el Atlántico y en el Pacífico. Su escasez es creciente, aumentando, por consiguiente, de valor año tras año. Y no es de extrañar. Ya cuando está en el mar se encuentra con todo tipo de depredadores más depredadores que él mismo y cuando regresa a sus orígenes tiene que superar el mayor escollo: su pesca furtiva con todo tipo de redes de arrase de especies, unido a los inevitables problemas de contaminación que le impiden, sencilla y llanamente, vivir.

En otro tiempo, dicen, la cosa era bien distinta. La abundancia de salmón era tan grande que, cuenta una anécdota, los trabajadores de una mina de Asturias llegaron a ponerse en huelga porque ¡todos los días les ponían salmón para comer!

El salmón que comemos hoy ya no es ese heroico pez migratorio, sino el tranquilo pez de aguas piscicultoras, siendo el principal productor mundial Noruega. Bienvenido sea, si con esto salvamos la especie.

INGREDIENTES BASE	INGREDIENTES ESPECÍFICOS
1 kg de arroz	*1 kg de salmón en filetes*
caldo de pescado aromatizado con	*2 berenjenas*
eneldo	*1 bote de ajos tiernos*
3 sobres de azafrán	
aceite de oliva, sal	

- Se pelan las berenjenas y se cortan en rodajas de medio centímetro aproximadamente. Se salan y se dejan reposar para que suelten el agua.
- El salmón fileteado se pela y se corta en cubos.
- En la paellera con aceite se doran las pieles del salmón cortadas en tiras de unos 3 centímetros y se reservan.

- En el mismo aceite se fríen las rodajas de berenjena, reservándose también.
- A continuación se saltean brevemente a fuego fuerte los trozos de salmón y se agrega el arroz, mezclándolo todo bien durante 2 o 3 minutos.
- Se incorpora el caldo de pescado aromatizado con un poco de eneldo (que no sea excesivo, pero sí que se note claramente) y se pone a cocer unos 15 minutos, añadiendo el azafrán tostado, machacado y desleído en un poco de caldo, al tiempo que se realizan las oportunas comprobándose de sal.
- A media cocción, se colocan los trozos de berenjena y al final los ajos tiernos.
- Justo cuando se va a retirar del fuego se decora con las pieles de salmón previamente doradas y, tras un reposo de unos 12 minutos, se sirve.

81 | Paella de pulpo con pimientos

En España, el preparado de pulpo más afamado es el «pulpo a Feira», el pulpo a la gallega. Un plato sencillo, sabroso e inigualable por más vueltas que le quieran dar al inocente octópodo los «científicos culinarios», auténtica nueva especie de charlatanes, que ni son científicos ni nada útil para la humanidad. Para realizar esta fórmula alquímica ya divulgada, sin secretos gnósticos, basta con apalear el pulpo para que pierda elasticidad, sumergirlo y sacarlo rápidamente tres veces en agua hirviendo, dejarlo cocer el tiempo que precise, sin prisas, cortarlo con tijera como hacen las pulpeiras, y colocarlo en un plato de madera con sal gorda, pimentón y aceite de oliva.

El pulpo, una vez reconocido todo lo anterior, es un molusco versátil que se adapta bien a muchas preparaciones en guiso, como es la paella. Sólo es conveniente no marear demasiado la receta. Un pulpo bien cocido —meollo del asunto— basta y sobra para colmar la mayoría de platos en los que interviene, aunque también podría jugar un papel secundario, pero importante, en alguna que otra ensalada.

Afortunadamente en todo el sur de Europa abunda el pulpo roquero, octopus vulgaris, con lo que siempre lo tendremos a mano (salvo en veda).

INGREDIENTES BASE
1 kg de arroz
caldo de pescado
3 dientes de ajo
1 vaso de vino blanco Alvariño o
Ribeiro
unas ramitas de perejil
1 cucharadita de pimentón dulce
2 guindillas
3 sobres de azafrán
aceite de oliva, sal

INGREDIENTES ESPECÍFICOS
1,5 kg de pulpo
1 pimiento verde grande
1 pimiento rojo grande

- Se cuece el pulpo sin sal durante una hora y media por lo menos, hasta que quede blando. Se corta en trocitos con tijera y se reserva.
- En la paellera con aceite se fríen los pimientos; el rojo cortado en tiras y el verde en aros. En el último momento se les echa un puñadito de sal gorda y se reservan.
- En el mismo aceite se saltea el pulpo junto con los ajos y una cucharadita de perejil picado todo muy fino.
- A continuación se agrega la cucharadita de pimentón dulce y las dos guindillas y se sigue rehogando con cuidado de que no queme el pimentón.
- Se echa el vaso de vino blanco y se deja reducir en sus tres cuartas partes.
- Se añade el arroz y se mezcla bien con todos los ingredientes durante unos 5 minutos.
- Se aporta el caldo de pescado con el azafrán tostado, machacado y desleído en un poco de éste y se deja cocer de 12 a 15 minutos, comprobándose de sal.
- 2 minutos antes de retirar la paellera del fuego se colocan los pimientos: las tiras del rojo en forma radial y los aros del verde esparcidos aleatoriamente.
- Se deja reposar unos 12 minutos y se sirve.

82 | Paella de santiaguiños y lapas

En pocos sitios encontraremos tan distendidamente relacionadas a dos especies de la mar de tan diferente clase social como en esta paella. Por un lado, los santiaguiños, marisco de la clase social más alta, aristócrata casi, y por otro lado el molusco más proletario, la lapa. Y sin embargo, aquí están, en perfecta armonía culinaria.

El santiaguiño —no confundamos con 'santiaguino', gentilicio de Santiago de Chile— es un crustáceo de pequeño tamaño, parecido a la cigala, en cuyo caparazón, en la parte superior de la cabeza, se muestra dibujada una cruz parecida a la cruz de Santiago, de ahí su nombre galleguizado. Hoy en día su principal atributo es los espectaculares precios que puede llegar a alcanzar, a nuestro juicio, descompensando considerablemente la relación calidad-precio que debería esperarse de este marisquillo. En cualquier caso, todo hay que decirlo, se trata de un marisco exquisito. Por su parte, en la lapa, que de vulgar que puede llegar a ser, es hasta un insulto, encontraremos un acompañamiento sabroso siempre y cuando lo administremos con moderación. Una invasión de lapas no gusta a nadie, aunque haya alguna que otra receta por ahí extraviada que hable de horribles sopas de lapas. El efecto gustativo global es forzosamente desagradable.

Según cuenta Juana Barría en sus Itinerarios gastronómicos del Capitán Cook, este avezado marinero explorador, que hubo de probar todo tipo de cosas mundas e inmundas para sobrevivir en sus correrías oceánicas, se vio agasajado por el cónsul inglés en Madeira, allá por el 1768, con un plato de lapas en escabeche, que no pareció disgustarle mucho, a juzgar por la idea de gran hospitalidad con que abandonó la isla. En casos así, las lapas deben estar buenas de cualquier forma.

INGREDIENTES BASE
1 kg de arroz
caldo de pescado
3 cebollas medianas
4 dientes de ajo
1 bote de tomate natural triturado
1 botella de Ribeiro blanco
1 cucharadita de pimentón dulce
½ cucharadita de pimentón picante
3 sobres de azafrán
aceite de oliva, sal

INGREDIENTES ESPECÍFICOS
16 santiaguiños
½ kg de lapas
1 pimiento verde

- En la paellera con aceite se fríe el pimiento verde cortado en tiras y se reserva espolvoreándolo al final con unas pizcas de sal.
- En el mismo aceite, se doran los santiaguiños y se reservan también.
- Siempre con el mismo aceite se pochan las cebollas picadas, con un puñadito de sal, añadiéndosele el ajo picado antes de que aquellas empiecen a dorar.
- Una vez pochado el conjunto, se rehogan un par de minutos las lapas previamente lavadas con abundante agua corriente fría y escurridas.

- Se añade el pimentón dulce y el picante y se sigue rehogando 1 o 2 minutos más con cuidado de que no queme.
- Se agrega el tomate natural triturado y se deja hacer unos 5 minutos.
- Se incorpora la botella de Ribero blanco, dejándolo a fuego fuerte hasta que se reduzca más o menos a la mitad.
- A continuación se echa el caldo de pescado en doble cantidad y un poco más de la cantidad de arroz que se va a usar, junto con el azafrán tostado, machacado y desleído en un poco del mismo, y se deja cocer unos 15 minutos, comprobándose de sal.
- Durante la cocción del arroz se irán retirando una a una las cáscaras de las lapas que queden vacías, de forma que la paella tendrá lapas con cáscara y sin ella.
- Unos tres minutos antes de terminar de hacerse el arroz se colocan los santiaguiños y las tiras de pimiento verde por toda la superficie de la paella.
- Se retira del fuego, se deja reposar unos 12 minutos y se sirve.

83 | Paella de cigalas

La cigala es la prueba viviente del desconocimiento abismal que hay en el mundo anglosajón sobre el marisco, y, en realidad, sobre casi todo el pescado. El mismísimo Diccionario Oxford inglés español, con todo el poderío de sus casi dos mil páginas, traduce 'cigala' por *crawfish* que, en realidad, es cangrejo de río. Otro de los grandes diccionarios de inglés, el equivalente casi aquí al DRAE, el respetado y conocidísimo diccionario Collins, en su volumétrica edición del 2000, la traduce por *Dublin Bay prawn*, una forma antigua de llamar a los langostinos (literalmente gamba de la bahía de Dublín). Finalmente, como los diccionarios generales no acertaron a dar con una palabra para este crustáceo, los escasos gastrónomos británicos lo denominaron «langosta de Noruega» (*Norway lobster*).

¿Por qué este nombre? Bueno, aquí tampoco anduvieron tan perdidos. La cigala se descubrió en los mares que bañan las costas de Noruega. Lo difícil era inventar una palabra para algo que no veía nadie prácticamente en toda su vida —en los países anglosajones, nos referimos—, así que bastó con dar una primitiva descripción del hallazgo zoológico, a pesar de que la cigala, de langosta, nada.

Curioso realmente que la propia zona del mundo de donde procede este marisco lo desconozca casi por completo. Aquí, por el contrario, no se nos ha escapado tan preciado tesoro culinario y, además de bautizarlo cristianamente, lo degustamos con auténtica pasión e interés gastronómico. Una paella de cigalas bien grandes es de lo mejor que uno puede encontrarse en la mesa.

INGREDIENTES BASE	INGREDIENTES ESPECÍFICOS
1 kg de arroz	12 cigalas grandes
caldo de pescado	300 g de mejillones
1 cebolla grande, 4 dientes de ajo	1 pimiento rojo grande
1 pimiento verde	
1 bote de tomate natural triturado	
unas ramitas de perejil, 2 limones	
1 cucharadita de pimentón dulce	
½ cucharadita de pimentón picante	
3 sobres de azafrán	
aceite de oliva, sal	

- Se limpian los mejillones, se abren al vapor y se reservan (el agua que desprenden se agrega al caldo de pescado colándola).
- En la paellera con aceite se fríen las cigalas, vuelta y vuelta, con unas pizcas de sal gorda, hasta que estén doradas y se reservan.
- En el mismo aceite se fríe el pimiento rojo cortado en tiras y se reserva espolvoreado con unas pizcas de sal. A continuación se hace un sofrito con la cebolla, el pimiento verde y el resto de ajos picado todo ello muy fino.
- Cuando esté pochado se incorpora el arroz y se rehoga enérgicamente hasta conseguir el punto de arena (que alcance un grado de sofrito en el que al meter una cuchara en el arroz suene como si se metiera en arena), añadiendo al final las cucharaditas de pimentón y vigilando siempre que no queme.
- Se añade después el tomate natural triturado y se rehoga unos 3 minutos.
- Se incorpora el caldo de pescado, junto con el azafrán tostado machacado y desleído en un poco de éste y el zumo de 1 limón y se deja cocer de 12 a 15 minutos, comprobándose de sal.
- A los 10 minutos del inicio de la cocción se colocan algunos mejillones con las dos valvas recostados atravesando la capa de arroz y el resto con una valva clavados en éste.
- Poco antes de retirar la paella de fuego se disponen las cigalas radialmente.
- Finalmente se decora con las tiras de pimiento rojo, rodajitas de limón colocadas por los bordes de la paellera y la rama o ramitas de perejil en el centro según la creatividad de cada uno. Se deja reposar unos 12 minutos y se sirve.

84 | Arroz «abanda» de pescado

El «arroz abanda» constituye un plato omnipresente en todo el levante español. *Abanda* es un término catalán que significa «aparte», y de aquí que se llame así a este tipo de paellas en las que se sirve el pescado o el marisco aparte del arroz. Hay muchas formas de preparar el arroz abanda, pero lo tradicional es hacer un potente caldo con cuantos pescados de roca podamos conseguir; sofreír después el arroz con ajo, tomate y cualquier otra cosa que se nos ocurra, cocerlo con el caldo y presentar, finalmente, por un lado la paellera habitada sólo por el arroz —a veces, con algún pequeño crustáceo pelado, como gambas o langostinos— y en una fuente aparte (*abanda*) los pescados junto con las patatas empleadas en el caldo. También es costumbre levantina acompañar esta presentación con un cuenco con salsa mayonesa o alioli.

En nuestra receta presentamos dos variaciones que aportan una nueva versión al amplio recetario abandil. Utilizaremos un pescado noble entero, de los que tienen pocas espinas (dorada, palometa, virrey...), que coceremos en el caldo dentro de la misma paellera y lo presentaremos finalmente sobre ésta, de manera, que no será un abanda muy abanda, pero sí de una presentación y sabor superiores al tradicional separado de ingredientes. Con respecto a si acompañar el plato con alioli o mayonesa o con nada, cosa sobre la existe cierta controversia, igual que respetamos la libertad de culto, respetamos la decisión de cada comensal, si bien creemos que donde esté un buen alioli...

Ingredientes base
1 kg de arroz
caldo de pescado
2 pimientos verdes, 1 pimiento rojo
4 dientes de ajo
2 cebollas, 1 limón
1 bote de tomate natural triturado
1 cucharadita de pimentón dulce
3 sobres de azafrán
aceite de oliva, sal

Ingredientes específicos
1 dorada, 1 palometa roja, 1 virrey,
1 roballiza... o cualquier pescado blanco
entero mediano
salsa alioli (opcional)

- Se prepara un caldo hecho con 2 kg de pescado de roca troceado, incluyendo 1 pimiento rojo y 1 pimiento verde enteros sin trocear.
- En la paellera con aceite se prepara un sofrito con el pimiento ver-

de, las cebollas y el ajo picado en fino, con unas pizcas de sal, añadiéndosele al final la cucharadita de pimentón dulce y revolviendo
con precaución para que no queme.

- Cuando está bien pochado se añade el tomate natural triturado y se
deja al fuego durante unos 5 minutos. Se incorpora caldo de pescado en doble cantidad y un poco más del arroz que se va a usar y se
deja cocer aproximadamente 10 minutos.
- A continuación se introduce la pieza, o piezas de pescado si no es
muy grande, en el caldo que tenemos en la paellera y se deja cocer
el tiempo necesario para que quede hecho, dándole la vuelta una
vez con mucho cuidado de que no se rompa. Al ser un pescado fino
le llevará aproximadamente 5 minutos.
- Se retira el pescado, se reserva, y se agrega ahora el arroz, con el
azafrán tostado, machacado y desleído en un poco de caldo, el zumo de 1 limón exprimido directamente y se cuece unos 15 minutos,
comprobándose de sal.
- Un minuto antes de terminar la cocción se coloca encima del arroz
el pescado o pescados enteros, con el pimiento verde y el pimiento
rojo, que sacaremos del caldo. También se pueden presentar los
pescados en una fuente aparte.
- Se retira la paella del fuego y se sirve, tras un reposo de 12 minutos,
junto con una pequeña salsera con el alioli y otra fuente con los mejores trozos de pescado de roca (los que tengan menos espinas y
mejor presencia), decorada con unas ramitas de perejil.

85 | Paella «abanda» de marisco

Un arroz abanda más, no tan conocido como el de pescado,
pero no por ello menos atractivo (¡seguramente más!). Los apa-
sionados del marisco encontrarán aquí un plato insuperable
que combina de forma separada —abanda— un marisco ínte-
gro, sin incrustaciones arroceras, con el sabor sustantivo del
arroz a cucharada colmada.

Para hacer un «abanda de mariscos» podemos utilizar cualquier marisco que se nos antoje y, mejor aún, el de mejor dispo-
sición en cada momento, día o temporada. Sólo hay una limita-
ción: deben ser bien crustáceos o bien moluscos con cáscara, y
mejor los primeros que los segundos, sin descartar combinacio-
nes entre ellos. Los cefalópodos del tipo calamar, pulpo o sepia
no encajan en esta receta, hay muchas otras en donde usarlos.

Para presentar esta espectacular paella correctamente, el marisco se colocará sobre el arroz cuando éste se encuentre completamente seco. No deberá hundirse jamás en el grano, pues

daría la impresión de ser una paella normal de mariscos. Obviamente, también, al ser un abanda, puede presentarse en una fuente aparte.

Como en la anterior receta con pescados, podemos acompañar el plato de alguna salsa: alioli y mayonesa son las más recomendables, al gusto de cada uno. Esta recomendación salsera, realmente, se puede aplicar a cualquier paella de mariscos, ¿para qué poner trabas a algo tan natural y, para muchos, delicioso?

INGREDIENTES BASE
1 kg de arroz
caldo de pescado
1 pimiento verde
4 dientes de ajo
1 cebolla
1 bote de tomate natural triturado
2 limones
1 cucharadita de pimentón dulce
3 sobres de azafrán
aceite de oliva, sal

INGREDIENTES ESPECÍFICOS
6 langostinos
6 cigalas
4 carabineros
2 nécoras
8 mejillones
1 puñado de gamba arrocera
salsa alioli (opcional)

- Se hace un sofrito en la paellera con el pimiento verde, los dientes de ajo y la cebolla, y con unas pizcas de sal.
- Cuando está pochado se añade la cucharadita de pimentón dulce vigilando siempre que no queme y se agrega el tomate natural triturado, dejándolo unos 5 minutos más.
- Se añade el caldo de pescado en doble cantidad y un poco más de la cantidad de arroz que se va a usar, y se deja cocer unos 10 minutos.
- Se incorpora todo el marisco: los langostinos, las cigalas, los carabineros, las nécoras partidas a la mitad y los mejillones bien limpios, dejándose al fuego hasta que esté todo cocido. Deben escogerse piezas de marisco de un tamaño similar con objeto de permitir que el tiempo de cocción sirva por igual a todas las piezas.
- Se retira todo el marisco del caldo según va cociendo y se reserva.
- En el caldo que haya quedado, añadiéndose algo más hasta conseguir la medida adecuada, se echa el arroz y se cuece unos 15 minutos con las gambas arroceras sin cabeza y peladas, el azafrán tostado, machacado y desleído en un poco del mismo caldo y el zumo de un limón, comprobándose de sal.
- Se retira del fuego, se colocan artísticamente los mariscos sobre el arroz ya prácticamente seco, se decora con rodajitas de limón y se sirve tras 12 minutos de reposo.

(Nota: al ser un arroz «abanda», también se podría servir el marisco en una fuente aparte)

86 | Paella «Emperador»

Aparentemente imperialista, esta paella lo que pretende realmente es hacer sitio en la mesa a un pez relativamente desconocido —culinariamente hablando—, el pez espada, también conocido como «emperador» en las regiones levantinas, o espadón.

Se trata de un animal pelágico, fácilmente reconocible por la extraordinaria deformidad de su mandíbula superior, que le sirve, además de como arma de defensa y ataque, como justificante de su peculiar nombre. El pez espada es un animal belicoso en todos los sentidos. Tiene aspecto guerrero, armado con su espada; puede pesar hasta 350 kilos —el muy animal— y es fiero como pocos. Su pasatiempo preferido es una especie de cruzada en la que lleva embarcado siglos atacando los bancos de arenques y caballas, a los que empieza por dar muerte con su espada en cantidades ingentes para después comérselos tranquilamente. Por todo ello, no tengamos ningún reparo cuando seamos nosotros los que nos lo comamos a él. Y ni que decir tiene el placer de los pescadores que lo apresan en las embarcaciones de recreo que adornan las costas de Norteamérica.

El emperador —suena mejor en cocina que pez espada— tiene una carne muy rica en grasa, consistente y formada por láminas que cuando se corta en tranchas (rodajas) forma círculos concéntricos. Caso de no poder disponer de este pescado, nos valdría cualquier otro de características similares, como el marrajo o el cazón.

INGREDIENTES BASE	INGREDIENTES ESPECÍFICOS
1 kg de arroz	1 kg de emperador (pez espada) en
caldo de pescado	filetes
1 cebolla	4 nécoras
4 dientes de ajo	1/5 kg de mejillones
1 bote de tomate natural triturado	
2 cucharaditas de pimentón dulce	
½ cucharadita de comino en polvo	
2 limones, 3 sobres de azafrán	
3 ramas de perejil	
aceite de oliva, sal	

- Se lavan los mejillones, se abren al vapor y se les quita una valva.
- Se cortan las nécoras a la mitad, se doran con aceite en la paellera y reservan.

- En el mismo aceite se pocha la cebolla con los dientes de ajo, picado todo ello muy fino, con unas pizcas de sal.
- Cuando esté todo bien pochado se añaden los filetes de emperador cortados en dados de 1 centímetro aproximadamente y se rehogan un par de minutos.
- A continuación se agrega el arroz, se rehoga ligeramente y se le añaden las cucharaditas de pimentón, revolviéndose para que no queme durante un minuto.
- Una vez que el pimentón esté bien mezclado con el arroz, se echa el tomate natural triturado con la media cucharadita de comino en polvo, dejando hacerse el conjunto unos 5 minutos y removiéndolo periódicamente.
- Se incorpora el caldo, junto con el azafrán tostado, machacado y desleído en un poco de éste, el zumo de 1 limón y se pone a cocer de 12 a 15 minutos, realizándose las oportunas comprobaciones de sal.
- 5 minutos antes de terminar la cocción, se colocan los mejillones apoyados en el borde de la paellera y enterrados hasta la mitad en el arroz.
- Un par de minutos antes de terminar de hacerse la paella, cuando el arroz está prácticamente seco y ya para retirar, se colocan encima las nécoras partidas a la mitad formando un círculo.
- Se retira del fuego, se decora con las tres ramas de perejil y las rodajas de 1 limón dispuestas al gusto, y se sirve tras un reposo de unos 12 minutos.

87 | Paella de carabineros, calamares y almejas

¿Alguien había echado en falta hasta la fecha los carabineros en las pescaderías? Seguro que no, salvo algún encopetado cocinero de los que presumen de hacer la compra en el mercado todos los días. Y, sin embargo, ¡vaya!, ahora parece que cuando no están, la sección de mariscos está incompleta. La cosa es que este crustáceo, de siempre muy poco atendido, ha alcanzado ahora uno de los primeros puestos de la clasificación marisquera en postín, lujo y carestía. Sin duda tiene que ser por su imponente aspecto macizo, su color rojo sangrante —algunos lo llaman incluso «chorizo»—, su profusión de patas, su nombre marcial, su valor en el combate submarino..., algo tendrá que ser, porque por el sabor de su carne, desde luego no es. Con ser un marisco sabroso, no se merece ni la mitad de su precio.

Pero, ¿qué ha pasado aquí? ¿Desde cuando el populacho pertenece a la aristocracia? No negamos que el pueblo llano puede llegar a ser rico, pero ¿aristócrata? No, aristócrata, no.

Y esto es, un poco fabulado, lo que ha pasado con el plebeyo carabinero, un marisco del Mediterráneo, poco conocido, más que nada por considerarse vulgar, que con la modernización de la cocina pretende ser más valioso que la propia realeza marisqueril.

No obstante todo lo dicho, en la paella es un ingrediente más que digno —¡y espectacular!—, cuya única pega es su incompresible precio. Un consejo: cómprelo congelado y déjese de gaitas, que el sabor del arroz ya vendrá de otros lares.

INGREDIENTES BASE	INGREDIENTES ESPECÍFICOS
1 kg de arroz	*8 carabineros*
caldo de pescado	*800 g de calamares*
4 dientes de ajo	*300 g de almejas*
1 cebolla	
1 bote de tomate natural triturado	
1 vaso de vino Fino	
2 limones	
1 cucharadita de pimentón dulce	
3 sobres de azafrán	
aceite de oliva, sal	

- Se lavan las almejas con abundante agua fría, se dejan en la misma 10 minutos y se abren dándoles un hervor en una sartén. El agua que sueltan se agrega al caldo previamente colada.
- En la paellera con aceite se fríen los carabineros con unas pizcas de sal gorda hasta que doren y se reservan.
- En el mismo aceite se inicia un sofrito con la cebolla y el ajo picados en fino, con unas pizcas de sal, añadiéndose a los 2 minutos el calamar limpio y troceado en cuadrados. Se deja hacer el conjunto a fuego medio unos 5 minutos.
- Se echa el vaso de Fino y se mantiene a fuego medio hasta que se haya evaporado casi en su totalidad.
- Se incorpora el arroz y se mezcla a conciencia hasta conseguir un perfecto intercambio de sabores, con la adición en el último momento de la cucharadita de pimentón dulce.
- A continuación se agrega el tomate natural triturado y se rehoga durante unos cinco minutos.
- Se aporta el caldo de pescado con el azafrán tostado, machacado y desleído en un poco de líquido, así como el zumo de 1 limón.
- Se añaden las almejas por toda la superficie y se deja cocer de 12 a

15 minutos. 5 minutos antes de terminar la cocción se colocan los carabineros en forma radial, o según el gusto de cada uno.

- Se retira del fuego, se deja reposar unos 12 minutos y se sirve decorada con rodajitas de limón colocadas por los bordes de la paellera o pinzadas en éstos.

88 | Paella verde de navajas y congrio

Las navajas son un molusco bivalvo marino de curioso nombre científico, Solen vagina —aclaremos que 'vagina' en latín significa vaina—, y que deben su nombre vulgar al parecido de sus valvas con las cachas de una navaja. La forma tradicional de comerlas no es precisamente en paella, sino crudas o ligeramente hervidas con unas gotas de limón, de ahí el método como se cocinan en esta receta. Son típicas de los aperitivos mañaneros.

La sustancia en esta paella procede más bien de la sabrosa carne del congrio elaborado al estilo de los pescados en salsa verde, en este caso hecha con perejil . Pero para poder saborearla debidamente es preciso usar exclusivamente la parte de delante del pez, pues la de atrás está llena de espinas que hacen imposible su sana ingestión, motivo por el que se suele reservar para los caldos o fondos de pescado. De todas formas, aún usando esta parte delantera conviene dedicarle un tiempo a quitarle espinas. Todos lo agradecerán.

Los guisantes son una aportación vegetal a la receta que tiene unos efectos más cromáticos que gustativos. Si se desea pueden sustituirse por otro vegetal, como judías verdes o coles de Bruselas.

INGREDIENTES BASE	INGREDIENTES ESPECÍFICOS
1 kg de arroz	*1 kg de congrio de la parte abierta*
caldo de pescado	*(la de delante)*
4 dientes de ajo	*16 navajas*
2 cebollas	*1 lata de guisantes*
1 vaso de vino blanco Ribeiro	
2 limones	
1 ramo de perejil	
aceite de oliva, sal	

- En la paellera con aceite se pochan los ajos y la cebolla picado todo ello en fino con unas pizcas de sal.
- Cuando la cebolla empiece a dorar se añade el ramo de perejil picado muy fino, se rehoga un par de minutos y se incorpora el congrio cortado en cubos, revolviendo el conjunto otros dos minutos aproximadamente.

- Se corta la cocción con el vaso de vino blanco Ribeiro y se deja reducir al menos en sus tres cuartas partes, añadiendo al final el zumo de un limón.
- Se agrega el arroz y se mezcla con el resto de ingredientes de la paellera hasta que forme una masa homogénea con cuidado de no desmenuzar el pescado.
- A continuación se echa el caldo de pescado y se cuece de 12 a 15 minutos, comprobándose de sal.
- A media cocción se disponen las navajas en forma radial hundiéndolas hasta la mitad en el arroz con la parte abierta hacia arriba y se exprime cuidadosamente medio limón haciéndolo gotear justo sobre ellas.
- Unos cinco minutos antes de terminar la cocción, se espolvorean los guisantes de lata que ya vienen cocidos en la cantidad que cada uno estime oportuna, pero teniendo en cuenta que no ha de ser excesiva, puesto que su misión es más bien decorativa.
- Se retira del fuego, se decora con unas ramas de perejil y la mitad que nos queda de limón colocándolo en el centro y se sirve tras un reposo de 12 minutos.

89 | Paella de setas y gambón

Con el nombre de gambón se conocen varios crustáceos semejantes a la gamba: hymenopenaeus muelleri, metapaneus ensis, mymenopenaeus triarthus y, en fin, otros disparatados nombres que nada dicen en la mesa. Lo que interesa saber, y ya se sabe, es que el gambón es una gamba grande, parecida al langostino. Cosa curiosa es que no parece que a los diccionarios les guste el término, puesto que no viene reflejado prácticamente en ninguno.

Culinariamente hablando, el gambón y el langostino, son prácticamente iguales. Incluso en el tamaño se prestan a confusión, porque hay gambones más grandes que el langostino, y langostinos mayores que el gambón. Lo que les diferencia realmente es que el gambón es rosado y el langostino marrón, aunque al freírse ambos quedan de un color rosa rojizo, con lo que vuelve a imponerse la confusión. En la paella ambos reciben el mismo trato delicado y cordial, no haciéndoseles distingo alguno. Sólo en el precio suele haber diferencias. Es más caro el estirado langostino, aunque tal vez, también, su carne sea algo más firme.

Con estos crustáceos es siempre conveniente, en lugar de arrojarlo sin más al arroz, freírlos primero y retirarlos, para

182

devolverlos al final a su sitio con ese sabor ambivalente que le da la combinación de plancha y cocción.

Finalmente, apuntar que, para la paella, es uno de los pocos mariscos que se puede comprar congelado sin temor a recibir insultos de los comensales más puristas (¡no se van a enterar siquiera!).

INGREDIENTES BASE
1 kg de arroz
caldo de pescado
3 dientes de ajo
unas ramitas de perejil
1 bote de tomate natural triturado
1 vaso de vino blanco seco
2 limones
1 cucharadita de pimentón dulce
3 sobres de azafrán
aceite de oliva, sal

INGREDIENTES ESPECÍFICOS
½ kg de setas
12 gambones
1 pimiento verde

- En la paellera con aceite se fríen los gambones con unas pizcas de sal gorda, vuelta y vuelta, hasta que doren, y se reservan.
- En el mismo aceite se fríe el pimiento verde cortado en tiras, espolvoreándolo también con sal gorda antes de retirarlo. Se reserva junto con los gambones.
- Se cortan las setas en trozos medianos y se saltean añadiéndose a los dos minutos los ajos picados y una cucharada de perejil también picado. En el último momento se echa la cucharadita de pimentón dulce teniendo cuidado de que no queme.
- Cuando el ajo empiece a dorar se agrega el vaso de vino blanco seco y se deja pasar hasta que prácticamente se evapore.
- Se añade el tomate natural triturado y se deja hacer a fuego medio unos 5 minutos.
- Se incorpora el arroz, rehogándose a conciencia unos minutos hasta conseguir una adecuada absorción de sabores.
- Se aporta el caldo de pescado, junto con el azafrán tostado, machacado y desleído en un poco de éste y el zumo de 1 limón y se deja cocer de 12 a 15 minutos, comprobándose oportunamente de sal.
- Unos cinco minutos antes de terminar la cocción se colocan los gambones sobre la paella de forma radial, combinados con los pimientos verdes.
- Se retira del fuego, se decora con unas rodajitas de limón y una buena rama de perejil y, tras un reposo de unos 12 minutos, se sirve.

90 | Paella de mejillones con crujientes de lechuga

El mejillón, con ser uno de los mariscos más modestos, constituye uno de los ingredientes más habituales en las paellas, así como un entremés de excelente calidad preparado bien sea al vapor, a la vinagreta o, en su mejor fórmula, a la marinera. No hay otro lugar en el mundo en el que se use y disfrute este molusco con más pasión que en Bélgica. Los mejillones al estilo belga se preparan en raciones individuales de aproximadamente ¡un kilo de peso! que se sirven en el mismo recipiente o pota en la que se cocinaron sencillamente al vapor rehogados en un poco de cebolla, apio y perejil. Pero lo más asombroso es su acompañamiento: los mejillones, en el país de Tintín y Milú, se toman tradicionalmente junto con una fuente de sabrosísimas patatas fritas, elaboradas también al estilo belga. De visitar Bruselas, es inexcusable probarlos a su manera (¡inigualables!); los hay en todas partes.

Hoy en día, gracias al avanzado estado de la mitilicultura o industria del cultivo del mejillón, tenemos asegurado su aprovisionamiento a unos precios realmente de agradecer. En las paellas de pescado se puede decir que podemos echar mejillones en cualquiera de ellas con la seguridad de que nunca van a quedar mal o a desdecir mínimamente el plato.

En la presente receta, el mejillón es el protagonista indiscutible (siempre después del arroz), mientras que la lechuga es una nota de alegría y originalidad que provocará la sorpresa de nuestros invitados.

INGREDIENTES BASE
1 kg de arroz
caldo de pescado
2 ajos puerros
1 bote de tomate natural triturado
1 guindilla, 1 limón
3 sobres de azafrán
aceite de oliva, sal

INGREDIENTES ESPECÍFICOS
2 kg de mejillones
200 g de lechuga
300 g de gamba

- Se limpian los mejillones y se abren al vapor. Se les quita una valva a todos menos a ocho, que se dejan con las dos, y se reservan aportando el agua que desprendieron al abrirse al caldo de pescado.
- Se les quita la cabeza y se pelan las gambas, incorporando también los despojos al caldo.

- La lechuga se lava y se escurre. Se enrolla de tres en tres hojas y se corta en sentido transversal en intervalos de medio centímetro.
- En la paellera con aceite se hace fríe la lechuga y antes de que dore se reserva en un plato con un papel de cocina para que absorba el aceite.
- En el mismo aceite se hace un sofrito con los ajos puerros (sólo la parte blanca), añadiéndosele la guindilla poco antes de acabar de hacerse.
- Se incorpora el arroz y se rehoga bien con el sofrito durante unos minutos.
- Se agrega el tomate natural triturado y se mezcla bien hasta formar una masa homogénea rojiza.
- Se aporta el caldo junto con el azafrán tostado, machacado y desleído en un poco del mismo, así como el zumo de un limón, se comprueba de sal y se pone a cocer de 12 a 15 minutos.
- A los cinco minutos de empezar la cocción se añaden las colas de gamba y los mejillones con una valva clavados en el arroz formando dos círculos concéntricos y los 8 con las dos valvas formando un círculo recostados en el centro de la paella.
- 3 o 4 minutos antes de terminar de hacerse el arroz se disponen las tiras de lechuga por toda su superficie.
- Se retira del fuego y tras un reposo de 12 minutos se decora con los crujientes de lechuga y se sirve.

91 | Paella de nécoras y calamar

La nécora es un marisco cangrejiforme que abunda y se aprecia principalmente en todo el litoral cantábrico. De oeste a este de la costa se la conoce con los nombres de lavañeira en Galicia, andarica en Asturias, nécora en Cantabria y karramarro en el País Vasco.

Se trata de uno de los crustáceos clásicos en toda mariscada que se precie, aunque la labor de degustarlo no deje de tener considerables complicaciones manuales. Su carne es muy jugosa y tiene el sabor más característico del marisco. También se consume con deleite en forma de crema, caso éste que deja las dificultades de manipulación exclusivamente al cocinero.

A pesar de su exquisitez de carnes, es normalmente lo que más suele sobrar en las paellas debido a esas complicaciones de las que hablábamos. Lo mejor para no prescindir de ellas es dejarlas para el final, saboreándolas una vez que hayamos acabado con el arroz y podamos ensuciarnos a gusto las manos sin tener que volver a coger el tenedor o la copa de vino dejándolo todo desagradablemente pringoso.

Debido a su gran tamaño, debe tenerse cuidado de no colocar demasiado pronto las nécoras sobre el arroz para evitar que éste cueza como si tuviera una tapadera encima, lo cual empastaría el arroz. Lo propio es colocarla pocos minutos antes de terminar de hacerse la paella (recordemos que ya está previamente sofrita al principio).

Por último, es conveniente saber que, contrariamente a lo que pasa con los centollos, es más sabroso el macho que la hembra.

INGREDIENTES BASE	INGREDIENTES ESPECÍFICOS
1 kg de arroz	*6 nécoras*
caldo de pescado	*1 kg de anillas de calamar*
2 cebollas	*200 g de guisantes*
2 pimientos verdes	
1 ajo puerro	
1 vaso de vino Fino	
1 limón	
3 sobres de azafrán	
aceite de oliva, sal	

- Se parten las nécoras a la mitad colocándolas boca arriba en una tabla y se les quita la articulación final de cada pata (excepto las pinzas).
- En la paellera con aceite se sofríen unos minutos con cuidado de que no pierdan mucho del líquido que contienen y se reservan.
- En el mismo aceite se inicia un sofrito con las cebollas, los pimientos verdes y el ajo puerro (sólo la parte blanca) picado todo en fino.
- Al poco de empezar el sofrito se le incorporan las anillas de calamar enteras con unas pizcas de sal y se deja a fuego medio hasta que esté todo el vegetal bien pasado.
- Se agrega el vaso de vino Fino (abundante) y se deja reducir casi totalmente.
- A continuación se echa caldo de pescado hasta que cubra aproximadamente un centímetro y se mantiene a fuego fuerte hasta que reduzca también casi en su totalidad.
- Se incorpora el arroz y se mezcla bien con el conjunto de ingredientes.
- Se aporta el caldo junto con al azafrán tostado, machacado y desleído en un poco de éste y el zumo de un limón y se deja cocer de 12 a 15 minutos comprobándose de sal.
- A media cocción se añaden los guisantes, bien sean congelados o de lata.
- 5 minutos antes de terminar de hacerse el arroz se disponen las nécoras por toda la superficie de la paella.
- Se retira del fuego, se deja reposar 12 minutos y se sirve.

92 | Paella de chipirones y almejas

Si hay un error verdaderamente frecuente y enojoso en las paellas de principiante es el acopio desmesurado de ingredientes que realizan para hacerlas. Está muy extendido el error de que cuanto más echemos entre las asas de la paellera, más sabor conseguiremos. Esto no es más que otra de las muchas equivocaciones de la «paella turística». Impresionar al comensal con todo tipo de sorprendentes encuentros — ¡no digamos cuando mezclamos carnes con pescados o mariscos!— es el leitmotiv del pobre aficionado. El resultado, a su pesar, será ver la desesperación con que los invitados buscan algún que otro grano de arroz que llevarse a la boca.

Entendámonos de una vez por todas. El sabor de las paellas ha de venir principalmente del caldo, y de forma especial cuando son de marisco. La obsesión por colmar la paella llega en muchos casos a hacer que las gambas, almejas, mejillones, calamares, guisantes, judías, pimientos, costillas, pollo... desborden el recipiente poniendo perdida la mesa a la hora de servirla.

Recordemos siempre estos tres preceptos básicos (nunca se agradecerán bastante): primero, la paella no debe llevar, al margen del arroz, más de tres tipos de ingredientes (nuestra particular regla de Bodoni, explicada en el cuerpo introductorio de este libro); segundo, la altura del arroz no debe superar jamás la altura de los bornes interiores de la paellera; y, tercero, último y más importante, lo que la gente espera comer cuando se solaza con una paella es arroz, arroz y más arroz.

INGREDIENTES BASE	INGREDIENTES ESPECÍFICOS
1 kg de arroz	1 kg de chipirones
caldo de pescado	300 g de almejas
1 ajo puerro	200 g de judías verdes
1 cebolla	
1 berenjena	
2 tomates maduros	
2 limones	
1 cucharadita de pimentón picante	
3 sobres de azafrán	
perejil	
aceite de oliva, sal	

- Se limpian los chipirones y se dejan secar bien recudiéndolos.
- Se lavan con abundante agua fría las almejas y se abren dándoles

un hervor en una sartén (lo justo para que abran), añadiéndose el agua al caldo de pescado.

- En la paellera con aceite se pone a sofreír el ajo puerro, la cebolla y la berenjena a última hora con unas pizcas de sal, picado todo ello fino, añadiendo, en el último momento, la cucharadita de pimentón picante con cuidado de que no queme
- A los 2 o 3 minutos se agregan los chipirones enteros y las judías verdes y se rehogan durante 5 minutos.
- Se incorporan los tomates pelados y troceados y se mantiene la cocción hasta que el tomate se haga salsa.
- Se agrega el arroz, y se mezcla bien hasta que absorba todos los sabores creados hasta el momento (unos 4 minutos).
- Se aporta el caldo con el azafrán tostado, machacado y desleído en un poco del mismo, el zumo de 1 limón y se colocan las almejas clavadas en el arroz, dejándolo todo de 12 a 15 minutos con las oportunas comprobaciones de sal.
- Se retira del fuego y, tras 12 minutos de reposo, se sirve espolvoreando un poco el centro de la paella con el perejil picado.

93 | Paella de buey de mar con gambas

El buey de mar también se conoce comúnmente con el nombre de «buey de Francia», probablemente debido a que procede principalmente de las costas atlánticas europeas. En el País Vasco, tal vez, la zona donde más se consume de España; se le aplican los nombres de buia, amarratz, petaca y especialmente txangurro, palabra ésta con la que aquí se conoce casi indistintamente al buey de mar y al centollo. En Asturias, por ejemplo, en donde también se consume con abundancia se le conoce como ñocla o ñocra.

Se trata este marisco de un cangrejazo de combate armado de unas poderosísimas pinzas. Su caparazón es de color pardo, muy ancho, liso y con los bordes dentados. A pesar de su cierta similitud con el buen centollo, existe una notable diferencia en la calidad de sus carnes. La del buey de mar es de menor calidad, más insulsa, con menos sabor a marisco, a mar, en definitiva. El buey de mar es uno de los poquísimos mariscos que permite su preparación al horno, aunque también se suele encontrar formando parte de los salpicones de marisco o enriqueciendo todo tipo de ensaladas.

La preparación en paella de este tipo de mariscos marcadamente «abombados», como son el buey y el centollo, requieren siempre de un tratamiento especial para evitar el efecto «peñón de Gibraltar», es decir, que sobresalgan como enormes rocas en el mar arrocero de la paellera. En esta receta, por ejemplo, no queda otro remedio que utilizar exclusivamente la carne del buey y desechar su enorme caparazón. Lo que sí se puede aprovechar entero son sus pinzas, como efectivamente se hace aquí.

<table>
<tr><td>INGREDIENTES BASE</td><td>INGREDIENTES ESPECÍFICOS</td></tr>
<tr><td>1 kg de arroz</td><td>4 bueyes de mar (mejor hembra)</td></tr>
<tr><td>caldo de pescado</td><td>½ kg de colas de gamba</td></tr>
<tr><td>1 cebolla</td><td></td></tr>
<tr><td>3 tomates maduros</td><td></td></tr>
<tr><td>1 copa de brandy</td><td></td></tr>
<tr><td>1 cucharadita de pimentón dulce</td><td></td></tr>
<tr><td>½ cucharadita de pimentón picante</td><td></td></tr>
<tr><td>3 sobres de azafrán</td><td></td></tr>
<tr><td>2 limones</td><td></td></tr>
<tr><td>aceite de oliva, sal</td><td></td></tr>
</table>

- Se cuecen los bueyes de mar en agua salada durante unos 8 minutos.
- Se escoge su carne y se reserva. Las pinzas delanteras se dejan enteras cortadas por las articulaciones y cascadas con unas tenazas de marisco o con un martillo.
- En la paellera con aceite se pocha la cebolla finamente picada añadiendo al final las cucharaditas de pimentón dulce y picante con cuidado de que no queme.
- A continuación se agregan los tomates troceados, sin piel y despepitados y se dejan salsear unos 10 minutos.
- Se añade la copa (más bien abundante) de brandy, se flambea y se deja reducir en sus tres cuartas partes a fuego vivo.
- Sobre esta salsa se echa la carne de los bueyes de mar con sus pinzas y las colas de gamba peladas y se rehoga ligeramente.
- Se incorpora el arroz y se sigue rehogando un par de minutos más.
- Se aporta el caldo junto con el azafrán tostado, machacado y desleído en un poco de éste, así como el zumo de un limón exprimido directamente sobre el arroz y se deja cocer de 12 a 15 minutos.
- Se retira del fuego, se decora con las rodajas del otro limón pinzadas en los bordes de la paellera y se sirve tras un reposo de unos 12 minutos.

94 | Paella de calamares

El gentil calamar debe su nombre a la concha interna que tiene en forma de pluma, en latín, *calamus* (caña o pluma de escribir). Hoy, efectivamente, se escribe mucho acerca del calamar, pero no por sus cualidades para la escritura, sino por su omnipresencia en los recetarios de cocina, y especialmente en los de paellas.

Los calamares son unos moluscos que todavía se encuentran con abundancia en el Atlántico y el Mediterráneo. Viven en bandadas que se desplazan incesantemente de aquí para allá. Cuando van a desovar, cosa que comúnmente hacen las sufridas hembras en generosas cantidades —entre 30.000 y 40.000 huevos—, se acercan a la costa todos juntos, en familia, y ahí es donde los pescadores, también en familia, aprovechan para pescarlos.

No debemos confundir el apetitoso calamar comestible, *Loligo vulgaris*, con el calamar gigante que atacó el famoso Nautilus de Julio Verne, pues éste es absolutamente incomestible y, por tanto, inútil a efectos culinarios. Con respecto a este conocidísimo episodio de 20.000 leguas de viaje submarino, Verne comete el error de llamar indistintamente al monstruo que ataca el submarino del capitán Nemo, calamar o pulpo, según le venga en gana en cada párrafo. Además lo describe, como el molusco más gigantesco que pudiera encontrarse, con 8 metros de largo, mientras que realmente los calamares gigantes pueden superar tranquilamente los 16.

En fin, aparte de la presencia del calamar en la literatura, hay quien no excusa una paella que no lo incluya sea cual sea su orientación. El calamar es ese molusco agradecido que siempre encontramos en la pescadería, entero, en anillas, congelado..., vamos, que siempre habrá calamar para dar y tomar.

INGREDIENTES BASE	INGREDIENTES ESPECÍFICOS
1 kg de arroz	*1 kg de anillas de calamar*
caldo de pescado	*300 g de guisantes*
2 cebollas	*1 puñado de uvas pasas*
2 limones	
unas ramitas de perejil	
1 vaso de vino blanco seco	
1 cucharadita de pimentón picante	
3 sobres de azafrán	
aceite de oliva, sal	

- Se pican las cebollas muy finas y se ponen a pochar con unas pizcas de sal y una hoja de laurel.
- Cuando comienza a dorar la cebolla se añaden las anillas de calamar (algunas enteras, otras partidas a la mitad y otras en cuartos) y se rehogan durante 5 minutos, añadiéndose casi al final una cucharada de perejil picado.

- Se echa una cucharadita de pimentón picante y se revuelve sin parar para que no queme.
- Se agrega el vaso de vino blanco seco de buena calidad y se deja al fuego hasta que quede prácticamente evaporado.
- Se añade el arroz y se revuelve todo a conciencia hasta que absorba bien los sabores creados.
- A continuación se incorporan el caldo de pescado, el azafrán tostado, machacado y desleído en un poco de líquido, el zumo de 1 limón y los guisantes, bien congelados o de lata (o previamente cocidos, si son naturales) y se cuece de 12 a 15 minutos, comprobándose de sal.
- A media cocción se espolvorean las uvas pasas, enterrándolas un poco en el arroz.
- Se retira del fuego y se decora con unas rodajas de limón y unas ramitas de perejil, al gusto. Después de un reposo de unos 12 minutos, se sirve.

95 | Paella de anguila y caracoles

Fuera de las regiones levantinas es poco frecuente encontrarse caracoles campando por las paellas. No es costumbre comerlos y en muchos casos crean una cierta repulsión que se hace extensible a todo el recipiente en donde se encuentran. Esta paella, pues, va destinada a los que gusten expresamente de dicho manjar. Existen diferentes variedades de caracoles. En la parte mediterránea, el caracol más común, el que se come en las paellas, es uno pequeño y de color blanquecino, con rayas helicoidales, conocido en la zona como vaquetas. En el resto de la península el que abunda es el clásico caracol de la huerta, por otra parte, absolutamente indeseable para ésta, debido a sus atracones de verde. El de más calidad en todo el mundo no es, empero, ni el primero ni el segundo aquí mencionados, sino el mundialmente conocido caracol de Borgoña, el más grande y sabroso de todos.

Al margen de calidades y variedades, lo que es rigurosamente necesario saber es como se limpian para poder comerlos «dignamente», cosa que no resulta sencilla precisamente. Lo primero que hay que hacer es meterlos en un cubo con serrín durante dos días para que limpien el intestino. Después, en el mismo cubo se lavan al grifo con abundante agua fría para quitarles el serrín. A continuación, se les echa sal en la proporción de un puñado grande por cada kilo de caracoles y se revuelve bien a mano durante unos 3 minutos. Cuando hayan sacado la baba se les vuelve a poner otra vez al grifo con agua

fría para eliminarla. Después, todavía hay que echarles un vaso de vinagre y más tarde agua para aclararlos, operación ésta que debe repetirse tantas veces como sea necesario para asegurarse de que ya no tienen babas (hasta ocho veces, puede que tengamos que hacerlo).

Viendo el complicado proceso que es necesario realizar para lavar un puñado de caracoles que adornarán nuestra paella, no podemos dejar de comprender a quien simplifique las cosas comprando un bote de caracoles, que ya vienen completamente aseados y listos para su entrada en la paellera. En la receta se indican 12 caracoles, pero esto realmente deberá quedar a la discreción de los gustos caracolarios de los comensales.

INGREDIENTES BASE	INGREDIENTES ESPECÍFICOS
1 kg de arroz	*1 kg de anguila limpia con piel*
caldo de pescado	*12 caracoles*
8 dientes de ajo	*1 bote de berros*
1 bote de tomate natural triturado	
1 vaso de vino de Jumilla blanco seco	
1 cucharadita de pimentón dulce	
1 cucharadita de pimentón picante	
3 sobres de azafrán	
aceite de oliva, sal	

- En la paellera con aceite se sofríen los dientes de ajo cortados en láminas y antes de que empiecen a dorar le agregamos el kilo de anguila cortado en rodajas previamente saladas.
- Una vez queden un poco doradas, añadimos el pimentón dulce y el picante y removemos sin parar para que no queme.
- A continuación se añade el vaso de vino blanco Ribeiro, se dan un par de vueltas al pescado y se agrega el tomate natural triturado, dejando cocer el conjunto lentamente unos 10 minutos.
- Se aporta el caldo de pescado muy caliente y cuando rompa a hervir se incorpora el arroz junto con los caracoles bien limpios y escurridos y el azafrán tostado, machacado y desleído en un poco de caldo.
- Se pone a cocer unos 15 minutos y se comprueba de sal, rectificándose en su caso.
- En el momento de retirar la paella del fuego, se decora con los berros.
- Se deja reposar unos 12 minutos y se sirve.

PAELLAS VEGETARIANAS

(recetas para 8 personas)

96 | Paella de frutas

Es probable que no exista otro producto de la tierra tan versátil, adaptable, provechoso, mezclable, servicial, combinable y buen anfitrión como el arroz, y no sobra ningún adjetivo. Con arroz podemos cocinar, lo que se dice, todo. Carnes y pescados (por separado), verduras, legumbres, postres... y hasta frutas.

Puede que una paella de frutas parezca un plato más bien exótico, lejos de su tradición levantina y mediterránea. Pero, si bien se aleja un poco del tradicionalismo, no llega a ser, tal como se presenta en esta receta, un plato chino que precise del uso de palillos para comerla ni de sake para acompañarla. Los pasos, la tecnología básica culinaria seguida, son los de la paella tradicional robada a los valencianos, empezando por el hecho incuestionable de hacerse en paella. Vale cualquier fruta, con alguna excepción, claro está. No es fácil, quizás, hacerla con higos o con sandía, aunque seguro que en alguna mazmorra de investigación culinaria, consigan hacerla hasta en una paellera con forma de copa de champán.

Las paellas de frutas deben ser un acontecimiento veraniego sorprendente, arriesgado, imaginativo, y sobre todo para invitados con un cierto refinamiento y curiosidad gastronómica. Está vedada para los comensales carnívoros neardentalenses. ¿Para qué tener que estar escuchando gruñidos cavernícolas de desaprobación en un momento tan sublime como éste? Que no, hombre, que se vayan a comer un bocadillo de chorizo al bar de la esquina.

INGREDIENTES BASE	INGREDIENTES ESPECÍFICOS
1 kg de arroz	2 plátanos
caldo de verduras	1 manzana
1 cebolla	2 naranjas mandarinas
½ cucharadita de miel	4 rodajas de piña
1 vaso de moscatel	
1 limón	
unas ramitas de perejil	
aceite de oliva, sal	

- En la paellera con aceite se doran los plátanos enteros. Se sacan y se cortan en rodajas de 2 centímetros. A continuación se cubren por abajo y por arriba con un paño de cocina y se aplastan con la palma de la mano.

- Se devuelven a la paellera y se doran nuevamente vuelta y vuelta, reservándolos.
- En el mismo aceite se prepara un sofrito con la cebolla picada muy fina.
- Cuando está pochada se añade la media cucharadita de miel (no más), se revuelve un poco, se agrega el vaso de vino Fino, el zumo de un limón y el de una naranja, y se deja reducir bastante.
- Se incorpora el arroz y se sigue rehogando unos minutos dejándolo impregnarse uniformemente del sabor agridulce obtenido.
- Se añade la manzana pelada y cortada en cuadrados de un centímetro aproximadamente y se rehoga 1 o 2 minutos
- Se aporta el caldo de verduras y se deja cocer de 12 a 15 minutos, comprobándose de sal.
- 5 minutos antes de terminar la cocción se echa la piña cortada en triángulos sin el corazón (se puede usar también piña de lata) y, justo un par de minutos antes de retirar la paella del fuego, se le colocan los gajos de naranja en forma decorativa.
- Se retira del fuego, se colocan en forma radial los trozos de plátano previamente fritos y, después de un reposo de 5 minutos, se sirve decorada con el ramo de la piña colocado en el centro de la paella y unas ramitas de perejil sembradas en el arroz.

97 | Paella de alcachofas y ajos tiernos

La alcachofa — ¡qué hermosa palabra!— es la cabeza de un cardo. También se la conoce con el nombre de alcaucil, especialmente en Andalucía e Hispanoamérica. Se trata de una planta hortense de consumo remoto, desde la Grecia antigua hasta el presente, pasando por su era renacentista en España e Italia.

El mismísimo Leonardo da Vinci, en sus notas de cocina — incomprensiblemente este personaje también destacó en asuntos culinarios—, cuenta que su señor Ludovico le pidió que ingeniase un medio para comer alcachofas sin escupir sobre la mesa nueve décimas partes de lo que uno se ha metido en la boca. Y el genial Leonardo, como era habitual, dio con la solución: «Las hojas se quitan del fruto antes de la comida y se deja solamente el corazón de la alcachofa, que es todo comestible y del que no hay necesidad de escupir parte alguna». El sistema de esta polifacética figura del Renacimiento fue tan efectivo que se sigue utilizando hoy, cinco siglos después.

La alcachofa tiene un uso muy extendido en la cocina, algo acertado de veras. Aparte de su amplia variedad de preparaciones, en ensalada, hervidas, fritas, rellenas, ¡en paella!, es rica en vitamina C y tiene unas importantísimas propiedades tanto diuréticas como coleréticas. En cuanto a los ajos tiernos, que también gozan de no pocas bondades nutricias, suelen ser difíciles de conseguir frescos, por lo que deberemos recurrir a veces a los que vienen comercializados en botes (no pasa nada, sólo hay que añadirlos directamente al final de la paella).

Para una mesa de vegetarianos, prepare esta receta y, como dice el refrán, ¡quédese más ancho que una alcachofa!

INGREDIENTES BASE	INGREDIENTES ESPECÍFICOS
1 kg de arroz	16 alcachofas
caldo de verduras	300 g de ajos tiernos
1 pimiento verde	1 pimiento rojo grande
1 bote de tomate natural triturado	
1 cucharadita de pimentón dulce	
3 sobres de azafrán	
aceite de oliva, sal	

- En la paellera con aceite se fríe el pimiento rojo cortado en tiras, con unas pizcas de sal gorda añadidas al final, y se reserva.
- En el mismo aceite se hace un sofrito con el pimiento verde picado fino y cuando esté bien pasado se le añaden las alcachofas a las que se habrán quitado las hojas duras, despuntado y partido en cuatro trozos, con unas pizcas de sal.
- Se dejan sofreír durante unos 5 minutos.
- Se incorpora el arroz y se mezcla bien con las verduras durante otro par de minutos con la adición en el último momento de una cucharadita de pimentón dulce y la precaución, como siempre, de que no queme.
- A continuación se añade el tomate natural triturado y se deja hacer con todos los ingredientes durante 3 o 4 minutos.
- Se aporta el caldo de verduras, el azafrán tostado, machacado y desleído en un poco de éste, y se deja cocer de 12 a 15 minutos, comprobándose de sal.
- Se retira del fuego, se decora con las tiras de pimiento rojo y los ajos tiernos y se sirve tras un período de reposo de unos 12 minutos.

98 | Paella de la huerta

Hay quien parece querer atribuir la paternidad de las paellas huertanas sólo a Murcia. Y, si bien es cierto que la paella tradicional murciana es de las mejores de este género, no podemos, sin embargo, concederle una exclusividad total ni dejar que ésta sea excluyente. La huerta de Murcia tiene un tronío indiscutible, un reconocimiento incuestionable. Pero no por ello vamos a negar que existen otras zonas mediterráneas que también la tienen y de siempre la han aplicado a la paella, aunque sea más o menos combinada con carnes o pescados.

La paella de la huerta queda plenamente descrita con tan solo su nombre. Se trata solamente de usar lo que la huerta nos dé en cada momento del año, en cada trozo de tierra, según el capricho de cada siembra y de cada recolección, prescindiendo de recetas (incluida ésta), sin prejuicios, con la frente bien alta, en definitiva, con lo que haya. ¿Habrá algo más natural y en consonancia con nuestras posibilidades? Una paella huertana debería hacerse con los cultivos de nuestra propia huerta, porque todos deberíamos tener la nuestra. Parece lejano, pero puede que un día todos tengamos nuestra propia huerta, ¿ciencia ficción? Sí.

INGREDIENTES BASE	INGREDIENTES ESPECÍFICOS
1 kg de arroz	*1 berenjena*
caldo de verduras	*200 g de judías verdes*
4 dientes de ajo	*4 alcachofas*
2 tomates maduros	*200 g de habas tiernas*
1 limón	*1 zanahoria grande*
1 vaso de vino blanco seco	*1 pimiento verde*
1 cucharadita de pimentón dulce	
½ cucharadita de pimentón picante	
3 sobres de azafrán	
aceite de oliva, sal	

- En la paellera con aceite se ponen a sofreír primero las judías verdes cortadas en trozos medios junto con las alcachofas sin las hojas duras, despuntadas y en cuartos, con unas pizcas de sal gorda.
- A continuación se añaden las habas tiernas y se sigue rehogando unos minutos.
- Se agregan ahora las zanahorias peladas y cortadas en rodajas de 1 cm más o menos de grosor y se continúa revolviendo un par de minutos.
- Se incorporan el pimiento verde en tiras de tamaño mediano y algo gruesas, la berenjena en juliana con piel y los ajos laminados, y cuando éstos empiecen a dorar se aporta el pimentón dulce y el picante con cuidado de que no queme.
- Se echa el vaso de vino blanco seco, dejándolo hasta que se evapore.
- Se añaden los tomates pelados y troceados y se deja hacer con todo el conjunto de verduras unos 10 minutos más.
- Se incorpora el arroz y se rehoga a conciencia hasta que se homogeneice con las verduras (unos 4 minutos).
- Se aporta el caldo de verduras con el azafrán tostado, machacado y

desleído en un poco de éste, así como el zumo de un limón exprimido directamente sobre la paella, dejándolo cocer de 12 a 15 minutos y realizando las oportunas comprobaciones de sal.

- Se retira del fuego, se deja reposar unos 12 minutos y se sirve.

(Nota: esta paella se puede hacer con cualquier verdura de temporada, con la única consideración del orden de introducción en la paella de éstas según sus necesidades de cocción).

99 | Paella de setas y ciruelas pasas

En la Antigüedad las setas formaban parte de las altas cocinas imperiales, teniéndose por manjar reservado para los más nobles. Con la llegada del oscurantismo medieval, pasaron a formar parte de la farmacopea brujeril, desapareciendo, en consecuencia, como por arte de magia de las mesas tanto de nobles como del pueblo llano. Hasta el siglo XIX no se recuperó la tradición culinaria de las setas gracias a un naturalista sueco llamado Elias Magnus Fries, a quien se considera el fundador de la micología.

Seta, stricto sensu, es cualquier especie de hongo, comestible o no, con forma de sombrerilla sostenida por un pie o pedicelo. Hoy en día la micología es una ciencia, un arte culinario, una afición, una pasión... Gracias a los muchos clubes de aficionados y a las diversas publicaciones sobre el tema, se está consiguiendo recuperar —más bien crear— toda una especialidad gastronómica de infinitas posibilidades. En la paella, las setas serán siempre bien recibidas vengan con quien vengan. Sólo habrá que tratarlas como es debido; no lavarlas con agua, mejor cortarlas con la mano que con cuchillo y algunas cosas más que encontraremos en cualquier tratado al respecto.

INGREDIENTES BASE
1 kg de arroz
caldo de verduras
4 dientes de ajo
½ cucharadita de tomillo
1 bote de tomate natural triturado
1 vaso de jerez
1 cucharadita de pimentón dulce
guindillas
3 sobres de azafrán
aceite de oliva, sal

INGREDIENTES ESPECÍFICOS
500 g de setas de temporada
(cardo, pie azul, colmenillas, manjarrias, níscalos, carboneras, senderillas, babosa negra, perrechico, camagroc...)
300 g de ciruelas pasas

- Se limpian y se cortan las setas en trozos atendiendo a su morfología específica (las pequeñas se pueden dejar sin trocear, mientras que las grandes se cortarán en trozos de tamaños más o menos uniformes).
- Se ponen a sofreír en la paellera con aceite y a los 2 minutos se les agregan los dientes de ajo picados, rehogándose 2 o 3 minutos más.
- Se añade la cucharadita de tomillo y un poco de sal y se sigue rehogando un par de minutos más, reservándolas.
- Se rehoga el arroz en el mismo aceite se echa 1 cucharadita de pimentón dulce con 1, 2, 3... guindillas picadas (según el gusto y la temeridad de cada uno) y se continuará revolviendo sin parar para que no queme el pimentón.
- Se agrega un vaso de jerez y se deja pasar a fuego medio hasta que prácticamente se haya evaporado, momento en el que se incorporarán las ciruelas pasas, rehogándolas durante un minuto.
- Se añade el tomate natural triturado y se revuelve bien.
- Se aporta el caldo con el azafrán tostado, machacado y desleído en un poco de éste y se deja cocer 10 minutos, comprobándose de sal.
- Se incorporan las setas y se dejan de 3 a 5 minutos más.
- Se retira del fuego y se sirve tras 12 minutos de reposo.
- (Nota: siempre será preferible usar setas silvestres recogidas en su temporada correspondiente, aunque no es desestimable, en último caso, y sobre todo, por estar fuera de estación, utilizar setas de cultivo).

100 | Paella de cebolla con coles

Las paellas de cebolla, aunque poco conocidas, eran un plato que se cocinaba en las casas levantinas tanto en tiempos de penuria como por motivos religiosos —cuaresmales—, difíciles de entender éstos hoy en día para la mayoría. Cuesta creer que haya un Dios que se enfade por comer carne en determinadas épocas y en otras no o que simplemente se enfade por comer una cosa u otra; no es serio. Más parece un capricho del Vaticano que otra cosa, al menos para nuestra liberal cultura cristiana.

Lo cierto es que este tipo de paellas que se basan en el uso de una gran cantidad de cebolla, para muchos «tabú» con el arroz, no son ninguna innovación de la nouvelle cuisine, ni ninguna excentricidad inventada por alguna secta macrobiótica. Se conocen de tiempo atrás, y, lo que es más, resultan sorprendentemente suaves y delicadas al paladar. Está claro que no son para comer todos los domingos del año, pero sí son una modalidad de paella que hay que conocer, aunque sólo sea para desmitificar el concepto erróneo de que nunca se puede cocinar arroz con cebolla porque lo ablanda. En realidad, lo que ablanda el arroz es la mano inexperta del que cocina.

Esta receta está hecha con coles de Bruselas, una verdura que aporta solidez a la quizás excesiva simplicidad del arroz casi al natural, pero también las hay que se hacen sólo y exclusivamente con cebolla sin desmerecer en lo más mínimo (a condición de que esté en buenas manos) o con la ayuda de bacalao desmenuzado, ajos tiernos u otros ingredientes, según el librillo de cada maestrillo. Es la última paella de este recetario hecho con tanto amor y dedicación. Tal vez la más sencilla, pero desde luego no la menos sabrosa.

INGREDIENTES BASE
1 kg de arroz
caldo de verduras
1 ramito de perejil
1 vaso de vino blanco seco
1 cucharadita de pimentón picante
3 sobres de azafrán
aceite de oliva, sal

INGREDIENTES ESPECÍFICOS
5 cebollas
400 g de coles de Bruselas
1 puñado de almendras crudas
sin piel

- En la paellera con aceite se pochan las cebollas picadas en juliana a fuego muy lento con unas pizcas de sal.
- Cuando la cebolla está bien pasada se agregan las coles de Bruselas y se rehogan unos 5 minutos, incorporando, a continuación, las almendras enteras y el ramito de perejil picado muy fino, rehogándose el conjunto durante un par de minutos más.
- A continuación se echa una cucharadita de pimentón picante revolviendo sin parar para que no queme.
- Cuando el pimentón se haya mezclado perfectamente con la cebolla y las coles, se agrega el vaso de vino blanco seco y se deja reducir en sus tres cuartas partes.
- Se incorpora el arroz y se mezcla a conciencia con el resto de ingredientes durante unos 3 o 4 minutos sin parar de revolver.
- Se aporta el caldo de verduras con el azafrán tostado, machacado y desleído en un poco de éste, se comprueba de sal y se deja cocer de 12 a 15 minutos.
- Se retira del fuego, se decora con unas ramitas de perejil sembradas en el arroz y se sirve tras un reposo de 12 minutos.

LA FIDEUÁ

La «fideuá», término procedente del catalán 'fideu' (fideo), no es otra cosa que una paella en la que en lugar de arroz se usan fideos.

Para evitar inútiles discusiones sobre su origen diremos que procede de la zona mediterránea española, dejando a la libre querencia de cada uno situarla con exactitud en Alicante, Valencia, Cataluña o cualquier otro lugar de esa hermosa parte del planeta.

Es más que probable que la fideuá se haya inventado por «serendipidad», por esa facultad de hacer un descubrimiento o un hallazgo afortunado de manera accidental que explicábamos en el cuerpo introductorio de este libro. Hay quien asegura incluso que los inventores fueron unos pescadores de Gandía que al ir a hacer una paella y no disponer de arroz, pero teniendo fideos a mano, los utilizaron como sustituto, haciendo el afortunado descubrimiento. En cualquier caso, poco importa que hayan sido unos pescadores o unos cazadores, pues lo cierto es que hoy en día este plato ha alcanzado una gloria, si no tan espectacular como la de la paella, al menos casi del mismo valor gastronómico que ésta.

La fideuá se hace básicamente como se hacen las paellas. Por ello, este libro con tan sólo una receta de fideuá, da instrucciones para hacer casi cien de ellas, habida cuenta que pueden emularse prácticamente todas las del arroz. Sólo es necesario aplicar la tecnología empleada en la receta de fideuá propiamente dicha que viene a continuación con los ingredientes y fórmulas de todas las anteriores paellas. No obstante, la fideuá es más un plato de pescado; son más apropiadas las recetas de pescado, pero no se excluyen de ningún modo las de carne y las vegetarianas. Igualmente, pueden hacerse, blancas, negras, verdes o del cromatismo que se desee.

Sólo una cosa queda por aclarar a la hora de cocinar una fideuá: la clase de fideo a utilizar.

Aunque a lo largo y ancho de la geografía española nos encontraremos con recetas que utilizan todas las clases posibles de fideos, es importante aclarar las que consideramos más acertadas, no más auténticas, ni más puristas, ni más ortodoxas. En la fideuá hay muchos menos complejos que en las paellas.

A nuestro juicio el mejor fideo para este plato es el del número 4, pues tiene el grosor y la consistencia más adecuados para la comprensión de sabores y su posterior degustación. Se trata de un fideo macizo bastante gordo. Aunque en las estanterías del supermercado nos encontramos ya hoy en día con un fideo llamado propiamente «fideo fideuá», no lo consideramos el óptimo, como tampoco consideramos el mejor al «fideo perla». Ambos fideos son demasiado gruesos, grosor que aumenta al cocerse debido a que están huecos por dentro.

En todo caso, una vez más, en esto de la fideuá, cada maestrillo tiene su librillo, y hay quien hace unas fideuás de toma pan y moja, por ejemplo, con los extrafinos fideos de cabellos de ángel. Una vez dada nuestra opinión, que cada uno practique y encuentre su fideo del alma. Los demás se lo juzgarán.

1 | Fideuá

La fideuá ha conseguido tanta popularidad en los últimos tiempos que ya resulta frecuente oír el comentario cuando se cocina una paella que se prefiere la fideuá a ésta o viceversa. Sin embargo, esto ha de quedar relegado indiscutiblemente al gusto personalísimo de cada uno, pues nadie podría asegurar objetivamente que una es mejor que la otra. Lo que sí es ya un hecho cierto es que la fideuá avanza con paso inexorable por la gastronomía española, empezando a abrirse paso airadamente por la cocina internacional, como hizo la paella hace mucho tiempo.

En las zonas turísticas españolas, la fideuá presenta el mismo nivel de oferta casi que la paella, aunque todavía sorprende a algún que otro turista de ultramar. La única desventaja que le queda frente a la paella es que se presenta en muchas menos recetas. Todavía no es demasiado frecuente ver una fideuá negra o una fideuá de verduras. Con seguridad la imaginación de la variopinta hostelería nacional se encargará de mitigar este inconveniente en un plazo no demasiado largo.

La mayor promoción de este excepcional plato en paella la constituye sin lugar a dudas el Concurso Internacional de la Fideuá que se organiza anualmente en Gandía, lugar al que muchos atribuyen su origen.

INGREDIENTES BASE
1 kg de fideos del nº 4
caldo de pescado
5 dientes de ajo
2 cebollas
2 pimientos verdes
1 bote de tomate natural triturado
1 cucharadita de pimentón dulce
½ cucharadita de pimentón picante
3 sobres de azafrán
aceite de oliva, sal

INGREDIENTES ESPECÍFICOS
8 langostinos
8 cigalas
200 g de gamba arrocera
½ kg de almejas de la mejor calidad
150 g de champiñones

- Se abren las almejas, que deberán ser de la máxima calidad, en una sartén con un poco de agua para que suelten la arena y se reservan.
- En la paellera con aceite se fríen vuelta y vuelta los langostinos y las cigalas, lo justo para que doren por las dos caras, y se reservan también espolvoreados con un poco de sal.

- En el mismo aceite se hace un sofrito con los ajos, las cebollas y los pimientos verdes picado todo muy fino.
- Cuando el sofrito esté muy hecho se añaden los fideos y se rehoga a conciencia hasta que absorban bien todos los sabores (sin que en ningún momento lleguen a quemar).
- Se agregan las cucharaditas de pimentón dulce y picante y se revuelve sin parar para que no queme hasta que quede perfectamente distribuido por toda la masa de fideos.
- A continuación se añade el tomate natural triturado y se deja pasar unos 5 minutos para que reduzca.
- Se incorpora el caldo de pescado con el azafrán tostado, machacado y desleído en un poco de éste y se deja cocer a fuego medio entre 8 y 10 minutos.
- Al poco de empezar la cocción se le añaden primero las gambas, después las almejas y por último los champiñones cortados al gusto previamente lavados con agua y limón.
- 2 o 3 minutos antes de terminar la cocción se colocan los langostinos y las cigalas sobre los fideos en forma radial.
- Se retira del fuego, se deja reposar 12 minutos y se sirve.

Esta edición de bolsillo del clásico de cocina
100 PAELLAS Y UNA FIDEUÁ
terminó de componerse en las
colecciones de Sapere Aude
el 7 de marzo de 2021